KB266316

하이엔드 아비투스

박치은 지음

하이엔드 아비투스

박치은 지음

HIGH-END

그들은 정보가 아니라 아비투스를 거래한다

HABITUS

대한민국 상위 0.1% 부자들의 밀실

그들은 돈이 아니라 "이것"을 가진 자에게만 문을 연다

모티브

목차

추천사

황복현 (영림그룹 회장)

성공은 결코 우연의 산물이 아닙니다. 박치은 대표가 보여주는 일에 대한 몰입과 사람을 향한 안목은 그가 성공할 수밖에 없는 이유를 분명하게 증명합니다. 그는 공간을 디자인하는 것을 넘어, 그 공간을 채우는 사람의 품격과 가치, 즉 아비투스를 디자인하는 사람입니다. 그의 치열한 고민과 철학이 녹아있는 이 책이, 더 높은 단계로 도약하고자 하는 독자들에게 든든한 이정표이자 뜨거운 자극제가 되기를 바랍니다.

프롤로그

100억의 한계, 그리고 300억의 세계

당신이 우연히
이재용 회장과
엘리베이터에서 만난다면?

만약 당신이 우연히 탄 호텔 엘리베이터에서 대한민국 최고의 자산가, 삼성전자 이재용 회장과 단둘이 남겨졌다고 가정해 보자. 목적지 층에 도착하기까지 당신에게 주어진 시간은 단 30초. 당신은 그 짧은 시간 동안 그에게 어떤 말을 건

넬 것인가?

십중팔구 평범한 하수들은 떨리는 손으로 명함을 내밀며 이렇게 구걸할 것이다.(명함을 들고 다닐지도 모르겠지만) "회장님, 저는 스타트업(혹은 마케팅 대행사)을 운영하는 아무개입니다. 저희 회사가 일 하나는 기가 막히게 합니다. 혹시 외주 주실 일이 있다면 꼭 저희에게 맡겨주십시오. 최선을 다하겠습니다."

단언컨대, 이재용 회장은 엘리베이터 문이 열리자마자 당신의 명함을 비서에게 넘기고 1초 만에 당신을 머릿속에서 지워버릴 것이다. 아쉬운 소리를 하며 자기 이익만 구걸하는 테이커들은 그가 평생 수만 번도 넘게 겪어본, 가장 지루하고 뻔한 부류이기 때문이다.

그렇다면 내가 만약 그 엘리베이터에 갇힌다면 어떻게 할까? 물론, 사적인 공간에서 불쑥 말을 거는 행위 자체가 매너 없는 짓이라는 것은 나도 안다. 하지만 나는 기꺼이 그 무례함을 감수하고 입을 열 것이다. 단, 입을 열기 전 머릿속으로 빠르게 한 가지 계산을 끝낸다.

'저 거대한 그룹의 총수가 가진 문제점, 그가 아직 채우지 못한 결핍은 무엇일까?' 내 결론은 바로 '집(공간)'이다. 세계 최고의 기업을 이끄는 그에게 단순한 기술을 들이미는 건 번데기 앞에서 주름을 잡는 격이다. 하지만 최상위 하이엔드 공간이 주는 삶의 본질적인 위로와 영감에 대해서라면, 나도 그와 함께 나눌 수 있는 인사이트와 솔루션이 있기 때문이다.

그러니 나는 내 인테리어 실력 따위를 어필하는 촌스러운 짓은 절대 하지 않는다. 대신 그의 눈을 똑바로 쳐다보며 이렇게 말할 것이다. "회장님, 저는 현재 열악한 환경에 사는 아이들의 집을 무료로 고쳐주는 '러브하우스' 프로젝트를 진행하고 있습니다. 혹시 괜찮으시다면, 이 아이들의 새로운 보금자리에 삼성전자 제품을 딱 하나만 후원해 주실 수 있겠습니까? 대한민국의 미래인 아이들에게 희망과 꿈을 줄 수 있는 메시지를 회장님과 삼성이 함께 전해주셨으면 합니다."

이 차이가 보이는가? 나는 그에게 수십억짜리 계약을 달라고 구걸한 것이 아니다. '집'이라는 공간을 매개로 삼아, 대한민국 1등 기업의 총수와 '사회적 가치'를 나누는 파트너로서 당당하게 제안을 던진 것이다.

이 미친 제안이 뇌리에 박혀 그와 다시 마주 앉게 된다면,

나는 비즈니스 이야기를 들이미는 대신 뉴욕 맨해튼과 비벌리힐스 최상위층의 주거 문화, 그리고 공간이 사람의 삶을 어떻게 바꾸는지에 대하여 내가 가지고 있는 철학을 편안하게 이야기할 것이다. 그렇게 대화 속에서 나는 자연스럽게 대한민국 최고 부자의 안목과 '교양'을 스펀지처럼 빨아들여 내 것으로 만들고, 나 역시 내가 가진 최상위 공간에 대한 통찰력과 교양을 그에게 기꺼이 내어줄 것이다.

이쯤 되면 당신은 코웃음을 칠지도 모른다. "말은 청산유수네. 도대체 당신이 누구길래 대기업 회장 앞에서도 아쉬운 소리 하나 없이 그렇게 당당할 수 있다는 건가?"

내 이름은 박치은, 현재 2025년 기준 연매출 330억 정도가 나오는 하이엔드 인테리어 기업 '아울디자인'의 대표다. 그리고 회원사들의 연매출을 합치면 7,000억 원 규모에 달하는 350개 기업을 이끄는 '한국인테리어디자인협회(KAID)'의 협회장이기도 하다. 나는 수천만 원짜리 명품을 두르지 않아도 수백억, 수천억 대 자산가들과 어깨를 나란히 하며 그들의 공간을 설계하고, 그들과의 프라이빗한 네트워킹 속에서 비즈니스를 논한다. 굳이 어딘가에서 굽신거리며 공사 하나를 따내지 않아도, 내 이름 석 자만으로도 거대한 자본과 기회를 미친 듯이 끌어당기며 살고 있다.

하지만 오해하지 마라. 별다른 노력도 없이 영화처럼 단순하게 상위 0.1%의 여유를 즐겼던 것은 절대 아니다. 불과 몇 년 전까지만 해도 나는 13평짜리 단칸방에서 먹고 자며, 현장 먼지를 뒤집어쓰고 미친 듯이 구르던 '인테리어 업자'에 불과했다. 다만 나는 성실함 하나만큼은 누구에게도 뒤지지 않을 자신이 있었다. 단순히 잠을 줄이고 땀 흘리며 열심히만 살면, 알아서 살아남고 부자가 될 줄 알았다.

하지만 현장에서 뼈가 부서져라 구르며 깨달았다. 그저 하루하루 쳐내기 급급한 '단순한 성실함'으로는 절대 거대한 부의 궤도에 오를 수 없다는 것을. 나는 눈앞의 생존을 넘어 명확한 '비전'을 보고 진짜 사업의 판을 짜기 시작했다. 그리고 내가 가진 기술과 시스템, 즉 대체 불가능한 '본질'을 무기로 삼아 짐승처럼 내달렸다.

그렇게 피를 토하며 달려 마침내 사업을 일궈내고 연매출 100억의 고지를 밟았을 때, 정신 경련과 함께 길바닥에 말 그대로 고꾸라지며 나는 또 한 번의 뼈아픈 진실과 마주했다. 아, 여기까지는 내 본질만으로 이 모두를 멱살 잡고 올라왔지만, 그 이상의 거대한 세계는 결코 나 혼자서는 갈 수 없구나. 100억의 한계를 깨부수고 300억, 500억의 세계로 퀀텀 점프를 하려면, 혼자 북 치고 장구 치는 일종의 '영웅 놀이'에서 벗어나야만 했다. 내가 벼려낸 본질을 바탕으로 내 이름 석 자의 '영향력'을 폭발적으로 키워내고, 나와 시너지를 낼 수 있는 상위 0.1%의 압도적인 '관계'를 새롭게 구축해야만 비로소 다음 스테이지로 나아갈 수 있다는 것을 뼈저리게 깨달은 것이다. 그러기 위해서는 내 평판을 갉아먹는 익숙하고 편안한 인간관계들을 잔인할 정도로 도려내고, 나보다 더 높은 상위 0.1%의 생태계로 나를 과감하게 던져 넣어야 했다.

이 책은 뒷배경 하나 없이 바닥에서 구르던 내가, 어떻게 대체 불가능한 본질을 갖추고, 깎아내고, 수천억 부자들의 밀실에 들어가 그들의 교양을 훔쳐냈으며, 최종적으로 '내 이름 석 자'를 가장 비싼 자본으로 만들어냈는지에 대한 가장 날것의 기록이다.

만약 당신이 지금 뼈 빠지게 일하는데도 일상이 바뀌지 않고 매일 똑같은 쳇바퀴를 돌고 있다면, 당장 이 책을 펼쳐라. 당신의 그 성실함에 상위 0.1%의 영리한 태도와 네트워킹의 기술, 기버의 마음가짐을 장착하는 순간, 당신의 인생은 당

신이 상상조차 하지 못했던 압도적인 다음 스테이지로 진입
하게 될 것이다.

자, 나와 함께 인생을 새롭게 디자인할 준비가 되었는가?

미친 듯이 일하는데
왜 통장 잔고는 그대로일까?

20대 시절, 나는 매일 새벽 4시에 출근해 밤 10시까지 1톤 화물 트럭을 몰았다. 오로지 살아남기 위해, 남들이 트럭 한 대를 겨우 채워 출발시킬 때 나는 요령껏 짐을 욱여넣고 기사님들을 통솔해 일곱, 여덟 대를 동시에 출발시켰다. 돈 쓸 시간조차 없어 2년 6개월 만에 통장에 1억 원이라는 숫자가 찍혔지만, 매일 밤 퇴근하고 쓰러질 때마다 지독한 회의감이 밀려왔다. '이렇게 뼈가 부서져라 일하는데, 왜 내가 원하는 진짜 부자의 삶과는 여전히 거리가 먼 걸까?'

요즘 시대에는 워라밸이나 주 4.5일제 같은 단어가 유행처럼 번지고 있다. 하지만 내 밑바닥부터 올라온 경험에 비추어 단언컨대, 뼈를 깎는 노력 없이 워라밸만 챙기며 자수성가한 사람은 단 한 명도 본 적이 없다. 성공이라는 목적지에 도달하기 위해서는 반드시 땀과 눈물로 채워야만 하는 '시간의 절댓값'이 존재하기 때문이다.

흔히 사람들은 지름길을 찾으려 애쓴다. 목적지까지 가장 빠른 직선코스로 요령껏 달리면 남들보다 먼저 도착할 수는 있을 것이다. 하지만 딱 거기까지다. 빙빙 돌고 헤매며 험한 산도 넘고 진흙탕도 뒹굴어본 사람은 완전히 다르다. 무식할 정도로 치열하게 그 길을 걷는 동안 다리에 단단한 근육이 붙고, 위급한 상황에서 숨을 고르는 법을 배우며, 남들이 보지 못하는 풍경 속에서 통찰력이라는 견문을 얻는다. 결국 목적지에 나란히 섰을 때, 지름길로 온 사람과 온몸으로 부딪혀 온 사람이 뿜어내는 '경험의 가치'와 '영향력'은 아예 다른 차원의 것이 된다. 최근 방송 프로그램에 나온 셰프님이 "어렸을 때 쉼 없이 노력해야 미래가 편하다"고 말한 것도 같은 맥락이다. 남을 이끌고 거대한 판을 쥐락펴락하려면, 먼저 누구보다 압도적인 일과 시간의 밀도를 몸에 새겨야 한다. 그래야만 주위 모든 사람들에게 리스펙트가 생기고, 훌륭한 사람들이 기꺼이 당신을 따르게 된다.

그런데 안타깝게도, 직장인을 포함한 여러분이 흔히 하는 가장 멍청한 착각 중 하나가 바로 이 지점에 있다. "내가 회사를 위해 이렇게까지 헌신했는데, 결국 사장 좋은 일만 시켰다"며 자신의 노력을 억울해하는 것이다. 참으로 어리석은 생각이다. 똑바로 일하고 치열하게 고민해서 얻어낸 기회와 경험은 그 누구의 것도 아닌 오롯이 '나의 것'이다. 그 징글징글한 과정을 통해 내 안에 쌓인 기술력과 전문성은, 훗날 나를 세상 어디서도 대체가 불가능한 사람으로 만들어주는 가장 확실한 무기가 된다.

나 역시 창업을 하고 대표 직함을 달고 전방에서 구를 때까지도 하루에만 200통씩 연락을 받으며 온갖 사건 사고를 수습해야 했다. '자재가 안 들어왔다.', '일정이 꼬였다.'며 사방팔방에서 터지는 문제들을 온몸으로 쳐냈다. 그런데 그 지난한 과정을 버텨내고 나니, 어느 순간부터는 웬만한 위기가 너무 쉽고 우습게 느껴지기 시작했다. 만약 그때 내가 그 문제들을 회피하고 적당히 쉬는 길을 택했다면, 결국 나중에는 감당조차 할 수 없는 문제들에 깔려 숨이 막혔을 것이다. 이처럼 수많은 위기를 직접 마주하고 해결하는 과정에서 비로소 나만의 정량화된 해법과 거대한 데이터베이스가 쌓이고, 내 몸값은 폭등하게 되는 것이다.

하지만 여기서 명심해야 할 치명적인 함정이 있다. 단순히 땀 흘리며 몸만 바쁘게 움직인다고 해서 성실한 것이 아니라는 사실이다. 그것은 하수들의 성실함이다. 몸만 오랫동안 똑같은 일을 기계처럼 반복했는데 아무런 성과가 없다? 그건 부지런한 게 아니라 그냥 멍청한 거다. 육신과 함께 '생각'도 미친 듯이 부지런해야 한다. 만약 당신이 미친 듯이 일하는데도 통장 잔고나 현실이 늘 제자리걸음이라면, 자신이 지금 '하나의 뾰족한 무기'를 제대로 벼리고 있는지 냉정하게 돌아봐야 한다.

나는 10년, 20년 뒤의 거창한 마스터플랜 같은 건 세우지 않는다. "몇 조를 벌겠다.", "어떤 회사가 되겠다."는 거대한 꿈만 쳐다보고 가면 반드시 지친다. 목표에 다다르지 못하는 자신을 보며 조급해지고, 결국 실체 없는 허영심만 커진다. 성공한 사람들의 본질이 아니라 그들의 겉모습과 얄팍한 행동만 따라 하다가 인생이 망가지는 것이다. 내 계획은 오직 '당장 눈앞에 처한 문제를 지금 당장 해결하고 끝내는 것'

뿐이다. 길어야 일주일, 한 달, 그리고 상/하반기 목표까지만 세운다. 눈앞의 문제를 집요하게 해결하다 보면 거대한 결과는 알아서 따라온다. 요즘 유행하는 '파이프라인 N개 구축하기'처럼 단기간에 요령껏 돈을 번다는 얄팍한 말에 속아 허황된 목표만을 좇지 마라.

나 같은 평범한 사람이 흔들리지 않는 본질을 구축하는 데는 최소 10년이라는 절대적인 시간이 필요하다. 나 역시 인테리어라는 단 하나의 본질을 10년 넘게 파고든 끝에야 유튜브, 강의, 작가, 브랜드 창업이라는 거대한 기회들이 꼬리를 물고 이어졌다. 위기가 올수록 세상의 자본은 진짜 실력을 가진 '본질'에게만 쏠린다.

자, 그렇다면 압도적인 본질을 쌓고 미친 듯이 일해 마침내 '매출 100억'이라는 숫자를 쟁취했다면 그것으로 끝일까? 아니다. 바로 이때 당신은 지독한 성실함의 한계에 갇히게 된다. 여기서 자신이 목표했던, 그 이상의 스테이지로 퀀텀점프를 하기 위해 반드시 깨달아야 할 단 하나의 진리가 있다. 바로 '내가 지금 어떤 환경에 놓여 있는가'를 뼈저리게 직시하는 것이다.

얼마 전, 경기도 시흥에서 인테리어 업체를 운영하며 수도

권으로 이전을 고민하는 대표님을 컨설팅한 적이 있다. 나는 분당을 고민한다는 그의 이야기를 듣자마자 "기왕 옮길 거면 평수는 50평 이상으로 잡고, 과감하게 청담동으로 가라"고 직언했다. 왜냐고? 속해 있는 판이 바뀌면 파는 물건의 가치가 완전히 달라지기 때문이다.

예를 들어보자. 강남의 한 하이엔드 프리미엄 식품관에 가면 딸기 한 팩에 49,000원이다. 그런데 며칠 전 동네 재래시장에 갔더니 밤 시간 떨이로 똑같은 딸기를 3,900원에 팔고 있었다. 사서 먹어보니 맛은 비슷했다. 그런데 왜 10배나 차이가 날까? 프리미엄 식품관의 물품은 진열된 방식이 너무 예쁘고, 포장이 세련되었으며, 위치가 주는 상징성이 있다. 수도권 인근 할인매장에서 사는 커틀러리와 백화점에서 사는 똑같은 커틀러리가 50%씩 가격 차이가 나는 것도 같은 이치다. 똑같은 본질이라도 어떤 포장지를 두르고 어느 위치에 놓이느냐에 따라 가치가 폭등한다.

이 잔혹한 법칙은 사람과 비즈니스에도 똑같이 적용된다. 내가 어떤 조직과 환경에 담겨 있는지, 내 옆에 누가 있는지가 결국 내 이름의 가치를 결정한다. 나는 과거에 지방에서 집값이 3~4억 원인 곳의 인테리어를 주로 했다. 그러다 판을 키워 50~60억 원짜리 집을 공사하게 되었을 때 큰 충격을 받았다. 집값이 비싸면 고객이 훨씬 더 깐깐하고 진상일 줄 알았는데 아니었다. '인심은 곳간에서 나온다'는 말처럼, 상위 레벨의 고객들은 오히려 더 여유가 넘쳤고 일처리도 합리적이었다.

사람은 결국 환경이 바뀌어야 사고가 확장되고, 더 넓은 시야를 갖게 되며, 완전히 새로운 차원의 거대한 게임에 참여할 기회가 열린다. 세상의 이치가 그렇듯 '기버(Giver)'는 기버들끼리만 만나고, '테이커(Taker)'는 테이커들끼리만 만난다. 결이 같은 사람들끼리 뭉치기 마련이다. 당신이 아무리 치열하게 일하고 완벽한 본질을 갖췄다 해도, 애초에 당신이 뒹굴고 있는 판 자체가 작고 테이커들만 득실거린다면 영원히 자신이 환경을 통해 만들어 놓은 한계점에 갇혀버리고 만다. 성실함으로 당신만의 무기를 완성했다면, 이제는 과감하게 내가 몸담은 시장의 스케일을 키우고 진짜 거대한 자본과 기버들이 흐르는 곳으로 걸어 들어가야 한다. 그것이 지독한 성실함의 배신을 끊어내고 다음 스테이지로 도약하는 유일한 길이다.

내 곁의 사람을 도려내지 않으면,
다음 스테이지는 없다.

그렇게 나는 몸담은 시장의 판을 더 큰 무대로 키우고, 뼈와 살을 갈아 넣어 미친 듯이 달렸다. 남들보다 몇 배는 더 짙은 밀도로 시간을 쓴 끝에, 마침내 연매출 '100억'이라는 꿈의 숫자를 통장에 찍어냈다.

100억. 평범한 직장인이나 이제 막 사업을 시작한 사람들에게는 그야말로 아득하고 경이로운 숫자일 것이다. 나 역시 처음엔 세상을 다 가진 줄 알았다. 하지만 그 화려한 숫자의 이면에서 내가 마주한 것은 환희가 아니라, 지독한 공포와

뼈가 부서질 듯한 '현타(현실 자각 타임)'였다.

솔직하게 말해보자. 미친 듯이 몸을 굴리며 땀 흘려 일하는 이른바 허슬에는 끝이 없다. 밤을 새우고 코피를 쏟으며 내 시간과 체력을 갈아 넣으면, 굳이 100억 매출이 아니더라도 어느 정도의 궤도까지는 무조건 올라갈 수 있다. 하지만 딱 거기까지다. 그저 눈앞의 일을 남들보다 더 빡세게, 더 성실하게 쳐내는 '단순한 성실함'만으로는 결코 다음 스텝으로 넘어갈 수 없는 순간이 반드시 온다. 개인의 맹목적인 성실함만으로 도달할 수 있는 물리적 한계선, 그것이 내겐 연 매출 100억이었다.

내 나이 서른여섯, 사업을 시작한 지 만 9년이 다 되어갈 무렵이었다. 직원이 30명으로 늘어나며 회사의 덩치는 커졌는데, 나는 앞에 잠깐 언급했던 것처럼, 길바닥에서 전신 경련을 일으키며 그대로 고꾸라졌다. 응급실에 실려 가며 생명의 위협을 온몸 가득히 느꼈다. 몸이 완전히 고장 나버린 것이다. 원인은 단순했다. 나는 지독할 정도로 남을 믿지 못하는 완벽주의자였다. 고객과의 첫 상담부터 도면 설계, 디자인 컨펌, 심지어 먼지 날리는 현장의 마감 디테일까지 전부 내 두 눈으로 직접 확인해야만 직성이 풀렸다. 직원들에게 온전히 위임하지 못한 채, 오직 내 뼈와 살을 갈아 넣어 억지로 매출을 멱살 잡고 끌어올린 탓이었다.

병상에 누워 의사의 '이러다 정말 죽을지도 모른다'는 말을 들으며 뼈저리게 깨달았다. 내 능력이 100이라고 가정할 때, 나 혼자 100을 다 채우려 들면 회사의 성장은 영원히 100에서 멈춘다. 이것이 혼자서 모든 것을 다 해내려는 완벽주의자들의 공통된 함정이다. 개인의 능력이 아무리 뛰어나도 물리적인 시간과 체력에는 명백한 한계가 존재한다. 앞서 말했던 것처럼, 내 기준의 한계였던 100억에서 300억, 500억으로 퀀텀 점프를 하려면, 내 100이라는 능력의 절반인 50만큼 해낼 수 있는 사람 세 명을 세팅해서 150을 만들어야 한다. 50을 해내는 다섯 명을 모아 250을 만들어야 회사가 폭발적으로 성장한다. '나 아니면 안 된다'는 대표의 독단과 오만함을 도려내지 않으면, 결코 다음 스테이지로 넘어갈 수 없다는 진리를 그때 온몸으로 배웠다.

더 뼈아픈 현타는 비즈니스의 진짜 본질을 마주했을 때 찾아왔다. 인테리어 비즈니스는 물건을 툭 팔고 끝나는 일회성 거래가 아니다. 첫 상담부터 설계, 철거, 시공, 마감에 이르기까지 무려 4-5개월이 넘는 시간 동안 고객과 살을 맞대고

호흡해야 하는 지독하게 고도화된 '서비스업'이다. 내가 아무리 완벽한 도면을 그리고 뒤에서 퀄리티를 엄격하게 통제한다 한들, 정작 그 수개월 내내 현장에서 고객을 직접 상대하는 것은 디자이너, 프로젝트 매니저(PM), 그리고 현장 소장이다.

아무리 결과물의 디자인이 훌륭해도, 그 수개월의 긴 여정 속에서 담당 직원이 고객에게 한 번이라도 짜증 섞인 말투를 내뱉거나 피곤한 기색을 보인다면 어떻게 될까? 수천만 원, 수억 원이 오가는 그 거대한 계약의 신뢰는 그날로 산산조각이 난다. 대표가 아무리 진정성을 외쳐도, 최전방에서 뛰는 직원들의 입과 표정에서 진정성이 느껴지지 않으면 고객은 단박에 알아챈다. 고객은 눈에 보이는 결과물만큼이나, 자신들이 수개월 동안 존중받는 '과정의 대우'를 훨씬 더 중요하게 여기기 때문이다.

결국 한계를 돌파하는 단계에서는 '내가 얼마나 일을 잘하느냐'가 더 이상 중요하지 않다. '내 곁의 사람들이 얼마나 최상의 컨디션으로 고객을 대할 수 있느냐'가 모든 승패를 가른다. 매일 살인적인 야근에 시달리고 며칠 밤을 새운 직원이, 다음 날 아침 고객을 만나 진심 어린 미소로 친절하게 응대할 수 있을까? 절대 불가능하다. 사람은 쫓기고 피곤하면 본성이 드러나고, 마음의 여유가 없으면 반드시 고객에게 짜증이 묻어나기 마련이다.

이때부터 나의 역할과 회사의 시스템은 완전히 달라졌다. 도면에 선을 긋고 현장 먼지를 뒤집어쓰는 플레이어에서, 내 곁의 사람들을 최상의 상태로 벼려내는 '구단주'이자 '디렉터'로 한 걸음 물러났다. 사업은 철저하게 축구 게임과 같다. 내가 최전방 공격수가 되어 미친 듯이 10골을 넣어도, 수비가 뚫려 11골을 먹히면 그 경기는 지는 거다. 10골을 넣는 것보다 더 중요한 것은 어떻게든 이기는 것이고, 잘 지켜내는 것이다. 대표가 골 넣는 '플레이어' 역할에만 매몰되면 시야가 좁아져 평생 실무만 하게 된다. 진짜 중요한 것은 세무, 법무, 시스템 등 '리스크 관리'를 통해 뚫린 수비를 막아내는 것이다.

대표는 플레이어에서 빠져나와, 선수들이 지쳤는지 오늘 경기력은 어떨지 전체 판을 조율하는 '감독'이 되어야 한다. 회사가 더 커지면 감독 여러 명을 통솔하는 '구단주'로 진화해야 한다. 나는 지금도 해외 출장을 나갈 때마다 실무를 완전히 내려놓고 철저하게 나를 객관화한다. 제3자의 시선으로 한국에 있는 내 회사를 바라보면, 우리가 지금 몇 골을 먹히고 있는지, 수비가 뚫린 곳은 어딘지 뼈저리게 자기반성이 된다. 직원들의 업무 로드를 세밀하게 조절하고, 압도적인 복지를 제공하며, 그들이 현장에서 자부심을 가질 수 있도록 동기를 부여하는 데 모든 에너지를 쏟아부었다. 내가 직접 인풋을 넣지 못하는 만큼, 나를 대신해 위임받은 사람들이 최고의 퍼포먼스를 낼 수 있도록 완벽한 환경을 세팅해 주는 것. 그것이 다음 스테이지를 움직이는 진짜 경영자의 몫이었다. 놀랍게도 내가 집착을 버리고 위임을 시작하자, 회사의 매출과 규모는 이전과 비교할 수 없을 정도로 뻥튀기되며 폭발적으로 성장했다.

당신이 지금 어떤 분야에서 일하든 이 법칙은 똑같이 적용된다. 당신 개인의 지독한 성실함으로 일정 궤도에 올랐다면, 그다음은 반드시 당신을 둘러싼 세계와 관계망을 재편해야 한다. 모든 것을 내가 짊어지려는 독단, 성장에 방해가 되는 낡은 방식, 그리고 그 판에 맞지 않는 사람들을 과감히 도려내라. 대신 내 곁의 사람들이 스스로 50, 70을 넘어 100, 150, 200의 시너지를 낼 수 있도록 완벽한 판을 깔아주어야 한다. 나 혼자 북 치고 장구 치는 1인 영웅 놀이에서 벗어나지 못하면, 당신은 영원히 당신만의 한계선 안에서 갇혀 지낼 것이다. 이제, 그 알량한 성실함의 환상에서 깨어나 진짜 자본이 움직이는 다음 스테이지로 진입할 준비가 되었는가?

1
장

대체 불가한 톱니바퀴가 되는 법:

압도적 본질의 힘

인스타용 포장지에 돈 쓰지 마라,
결국 다 드러난다

비즈니스 판, 특히 좁은 업계에서 조금만 이름이 알려지면 필연적으로 따라붙는 현상이 있다. 바로 경쟁사들의 치열한 카피다. 우리가 새로운 디자인 콘셉트를 선보이거나 차별화된 마케팅을 전개하면, 얼마 지나지 않아 껍데기만 교묘하게 베낀 업체들이 우후죽순 생겨난다. 우리 회사가 찍은 구도, 우리가 쓴 자재, 심지어 우리가 올리는 영상의 자막 폰트와 화법까지 비슷하게 복제해 인스타그램과 유튜브에 도배를 한다. 주변에서는 "경쟁사들이 다 따라 하는데 화나지 않느냐", "강력하게 견제하고 법적 조치를 취해야 하는 것 아니냐"며 나보다 더 열을 낸다.

하지만 나는 그들을 보며 분노보다는 묘한 안타까움을 느낀다. 첫 번째로 드는 생각은 '아, 저들도 이 척박한 시장에서 살아남기 위해, 자기 밥그릇과 회사를 지키려고 발버둥 치고 있구나' 하는 것이다. 동시에 그들이 앞으로 겪게 될 처절한 시행착오와 한계가 내 눈앞에 훤히 그려진다.

요즘 소셜 미디어를 보면 겉멋 든 브랜딩과 화려한 마케팅에 돈을 쏟아붓는 업체들이 차고 넘친다. 20대 젊은 나이에 사업 좀 된다며 슈퍼카를 끌고 나와 재력을 과시하는 이들도 흔하다. 하지만 장담컨대, 본질 없이 껍데기만 번지르르한 그들 중 십중팔구는 몇 년 안에 소리 소문 없이 사라진다. 실제로 과거에 그렇게 슈퍼카를 타며 떵떵거리던 이들 중 지금 살아남은 자가 몇이나 되는가? 거의 다 사라졌다.

그들이 몰락하는 이유는 단순하다. 비즈니스의 진짜 본질은 단순히 사진 한 장 예쁘게 찍어 올리는 것이 아니기 때문이다. 인테리어 업계도 마찬가지다. 과거 인테리어 시장은 그야말로 '불신'이 판치는 무법지대였다. 제대로 된 도면도, 명확한 스펙북도 없었다. 그저 사장님의 머릿속에 있는 감과

"알아서 잘해줄게"라는 구두 약속이 전부였다. 그러니 공사가 끝나면 고객은 "나는 분명히 이렇게 원했다고 말했는데 왜 다르냐"며 분통을 터뜨리고, 업자는 "처음에 이렇게 합의하지 않았냐"며 우기는 싸움이 일상이었다. 나는 이 악명 높은 시장에 들어오자마자 직감했다. '고객이 업체와 싸울 수밖에 없는 이 주먹구구식 구조를 수치화하고 시스템으로 묶어내기만 하면, 무조건 이 바닥을 제패할 수 있겠구나.'

그래서 나는 눈에 보이지 않는 '본질'을 파고들었다. 화려한 마케팅 대신 수전의 정확한 높이, 경첩의 종류와 내구성, 면과 면이 만나는 선의 비율까지 모든 것을 명확한 수치로 규격화했다. 실패했던 현장의 경험은 숨기지 않고 모조리 데이터베이스(DB)로 만들었다. '간접조명의 경우 간격이 200mm보다 150mm 간격으로 설치할 때 빛이 더 아름답게 표현된다.' 같은 수백, 수천 개의 데이터들을 모아 1,000페이지가 넘는 회사의 시스템 매뉴얼로 구축했다. 우리 회사 직원들은 이 방대한 매뉴얼을 숙지하고 깐깐한 자체 시험을 통과해야만 비로소 현장에 나갈 자격을 얻는다.

우리가 미팅을 할 때 고객이 우리를 완벽하게 신뢰하게 만드는 비결도 바로 이 집요한 데이터에 있다. 인테리어는 보통 결과물 '사진 한 장'으로 소비된다. 하지만 우리는 그 사진 한 장에 들어가는 '퍼포먼스를 위한 레시피'를 고객에게 낱낱이 해부해서 보여준다. 수개월간의 시공 스토리를 한 편의 영화처럼 기록하고, 왜 이 공간이 다른 곳과 차원이 다른지 상세하게 브리핑한다.

사람들은 보통 하이엔드 인테리어를 보며 그저 "오, 분위기가 다르다"라고 막연하게 느낀다. 하지만 그 분위기의 실체는 비율, 비례감, 재료, 텍스처 등 수많은 디테일이 정교하게 겹쳐서 만들어지는 것이다. 우리는 고객에게 '왜 다르게 느껴지는지' 그 미세한 레퍼런스와 사례 데이터를 수치로 증명해 낸다. 고객은 결코 한자리에 가만히 고여있지 않는다. 그들의 눈높이와 취향은 쉴 새 없이 흘러가고 변한다. 비즈니스에서 가장 어려운 것이 바로 이 흘러가는 고객의 속도에 맞춰 끊임없이 새로운 콘텐츠를 내놓고 증명하며 따라가는 것이다. 우리의 이 집요한 퍼포먼스와 스토리가 담긴 콘텐츠는 작년 한 해에만 무려 1,500만 뷰를 기록하며 대중의 폭발적인 신뢰를 얻어냈다.

경쟁사들이 우리의 인스타그램 사진 한 장을 베낄 수는 있다. 하지만 그 사진 한 장을 완성하기 위해 우리가 수년 동안 쌓아 올린 1,000페이지짜리 매뉴얼과 실패 데이터, 그리고 수개월 동안 고객과 호흡하며 오차를 잡아내는 치열한 '과정'은 절대 베낄 수 없다. 이 모든 뼈대가 완벽하게 구축되어 있어도 성공할까 말까 한 것이 비즈니스다. 그런데 겉으로 보이는 포장지와 마케팅 문구만 따라 한다고 성공할 수 있을까? 만약 포장지 하나만 베껴서 진짜로 매출로 증명하고 오랫동안 살아남는다면, 그놈은 진짜 100만 명 중 한 명 나올까 말까 한 '천재'로 인정해 주어야 마땅하다. 내가 진짜 승자라고 인정하고 뼈저린 경외감을 느끼는 대상은, 화려한 마케팅으로 단기간에 돈을 번 젊은 벼락부자들이 아니라, 수십 년의 세월 동안 온갖 풍파와 위기를 견디며 흔들림 없는 본질로 회사를 굳건히 유지해 온 70대, 80대 회장님들이다.

물론 나 역시 처음부터 이런 확고한 기준과 시스템을 가졌던 것은 아니다. 고백하건대, 과거의 나는 남들에게 보이는 것을 굉장히 중요하게 생각했다. 명품 옷을 즐겨 입었고, 남들이 우러러보는 비싼 자동차를 타며 으스대기도 했다. 타인이 나를 어떻게 평가하는지, 세상이 나를 얼마나 인정해 주는지에 대한 '외부의 인정 욕구'에 심하게 목말라 있었다.

하지만 회사가 커지고 비즈니스의 진짜 본질, 즉 대체 불가능한 '가치'를 다루는 법을 깨달으면서 내 삶의 태도는 180도 달라졌다. 외부를 향해 있던 인정 욕구가 온전히 '나 자신'을 향한 인정 욕구로 방향을 튼 것이다. 지금 나는 유니클로 옷을 대충 걸쳐 입고, 머리에는 편한 골프장 모자를 푹 눌러쓴 채 현장을 누빈다. 고급 자동차들도 여전히 소유하고 있지만, 남들의 시선을 즐기는 얄팍한 '하차감' 때문이 아니라, 내가 이룬 성취에 대한 오롯한 내 만족이자, 나 스스로에게 주는 보상일 뿐이다. 남들이 나를 어떻게 보느냐는 이제 내 알 바가 아니다.

내 시선이 타인이 아닌 내부를 향하면서, 회사를 경영하는 방식도 완전히 뜯어고쳐졌다. 예전에는 경쟁사가 무엇을 하는지, 남들이 어떻게 치고 올라오는지를 불안한 눈으로 곁눈질했다면 이제는 일절 보지 않는다. 오직 아울디자인 내부만 집요하게 파고든다. '우리 회사가 지금 뭘 놓치고 있지?', '우리가 잘못하고 있는 건 뭐지?', '시스템에 균열이 간 곳은 없나?' 내 기준은 오직 어제의 우리 회사뿐이다.

그래서 나는 주변에서, 혹은 직원들이 "요즘 우리 회사 정말 잘나갑니다.", "업계 최고입니다."라고 칭찬할 때 가장 예민해진다. 남들이 칭찬하는 그 순간부터 나는 모든 것을 의

심한다. '진짜 잘하고 있는 게 맞나? 겉으로만 멀쩡해 보이고 속은 곪아가고 있는 것 아닌가?' 스스로를 끊임없이 채찍질하며 결핍을 찾아낸다.

영향력이 커지고 유명세가 따라올 때도 나는 철저히 본질만 생각했다. EBS의 유명 프로그램인 〈서장훈의 이웃집 백만장자〉 출연 제안도 처음에는 세 번이나 왔지만 모두 거절했다. 굳이 내 성공을 포장해서 방송에 내보낼 이유도, 유명세를 탈 필요도 없었기 때문이다. 다만 PD들이 회사까지 직접 찾아와 설득해준 덕분에 겨우 출연을 결심했다. 유튜브 채널 〈장사건물주 강호동〉 형님의 영상에 나갔던 것 역시 나를 알리기 위함이 아니었다. 과거 술자리에서 우연히 "나중에 꼭 한 번 나갈게요"라고 뱉었던 약속을 지키기 위해서였다. 사업가에게는 수백만 명의 조회수나 화려한 포장지보다, 내가 뱉은 '말빚'을 책임지고 신용을 지키는 것이 훨씬 더 묵직하고 거대한 본질이라고 생각하기 때문이다.

그렇다면 나는 도대체 어떻게 이토록 '투박한 본질'과 '절대 베낄 수 없는 시스템'에 미친 듯이 집착하게 되었을까? 수많은 경쟁사가 감성에 목을 맬 때, 나는 왜 보이지 않는 본질을 다지는 기초 공사에 내 청춘을 다 바쳤을까?

그 해답은 경영학 교과서에 있지 않다. 세상 물정 모르고 온실 속 화초처럼 자라던 내가, 어느 날 갑자기 13평짜리 단칸방으로 처박히며 마주했던 지독한 가난과 밑바닥. 누구도 나를 구원해 주지 않는다는 사실을 뼈저리게 깨달았던 바로 그 처절했던 과거의 기억 속에 모든 이유가 숨어 있다.

모두가 '노가다'라 비웃던 시장에
100억짜리 금광이 숨어 있었다

약 15년 전, 내가 번듯한 직장 생활을 때려치우고 본격적으로 '인테리어' 판에 뛰어들겠다고 선언했을 때 주변의 반응은 한결같았다. 걱정을 빙자한 무시, 그리고 뼈 있는 편견이었다. 당시만 해도 인테리어 업계라고 하면 사람들의 머릿속에 가장 먼저 떠오르는 단어는 '노가다' 혹은 '사기꾼'이었다. 먼지 구덩이 속에서 거칠게 일하는 직업이라는 시선, 그리고 공사판에서 툭하면 고객과 돈 문제로 다투는 거친 세계라는 인식이 팽배했다. 그런 곳으로 넥타이를 매고 일하던 내가, 굳이 그 험한 진흙탕 속으로 걸어 들어가겠다니, 다들 미쳤다고 했다.

하지만 내 눈에 비친 이 시장은 완전히 달랐다. 남들이 '노가다판'이라며 혀를 차고 피할 때, 나는 이 척박하고 거친 시장 한가운데에 어마어마한 '금광'이 묻혀 있다는 사실을 단박에 직감했다. 그 확신은 어디서 왔을까? 바로 이 시장이 믿을 수 없을 만큼 '주먹구구식'으로 돌아가고 있었기 때문이다.

KT&G 같은 대기업과 영림이라는 탄탄한 중견기업을 거치며 내가 몸으로 배운 비즈니스의 기본은 '시스템'이었다. 모든 업무는 명확한 매뉴얼에 따라 움직이고, 숫자로 정량화되며, 책임 소재가 분명한 프로세스를 거친다. 그런데 인테리어 현장에 발을 들이는 순간, 나는 거대한 충격에 빠졌다. 수천만 원, 심지어 억 단위의 돈이 오가는 거대한 비즈니스임에도 불구하고 시스템이라는 것 자체가 아예 존재하지 않았던 것이다.

앞서 이야기했던 것처럼 당시 현장에는 제대로 된 도면조차 없는 경우가 허다했다. 스펙북(자재의 규격과 품번 등을 명시한 문서)은 당연히 없었고, 공사의 시작과 끝을 규정하는 명확한 체계도 부재했다. 모든 계약과 디자인 협의가 오직 사장님의 머릿속에 있는 '감'과 "알아서 잘해줄게"라는 무책임한 '구두 약속'으로만 굴러가고 있었다.

상황이 이러니 공사판에서 고객과 업자가 싸우는 것은 어쩌면 당연한 수순이었다. 수천만 원을 지불한 고객은 공사가 끝난 뒤 완성된 집을 보며 "사장님, 저는 분명히 이런 느낌을 원한다고 말씀드렸잖아요! 이게 뭡니까!"라며 분통을 터뜨린다. 그러면 인테리어 업자는 "아니, 사모님이 처음에 분명히 이렇게 해달라고 하셨잖아요. 나보고 어쩌란 말입니까!"라며 언성을 높인다. 누구의 말이 맞는지 증명할 근거가 전혀 없다. 남은 것은 양측의 주관적인 기억력 싸움과 감정싸움뿐이다.

대부분의 사람들이 인테리어 업체를 향해 '사기꾼'이라며 혀를 내두르는 근본적인 이유가 바로 여기에 있었다. 인테리어 사장들이 태생적으로 악독한 사기꾼이어서가 아니다. 명확하지 않은 자재, 뜬구름 잡는 스펙, 문서화되지 않은 대화 내용이 겹치면서 필연적으로 '기대치의 불일치'가 발생하기 때문이다. 기준점이 없으니 해석이 엇갈리고, 해석이 엇갈리니 신뢰가 깨지는 것이다.

나는 이 아비규환의 현장을 보며 짜릿한 전율을 느꼈다. 모두가 시스템의 부재로 인해 늪에 빠져 허우적대고 있을 때, 나는 생각했다. '만약 내가 이 무법지대에 기업형 시스템과 체계를 완벽하게 이식해 놓는다면? 그러면 나는 무조건 이 판을 씹어 먹고 성공할 수밖에 없겠다.'

남들이 주먹구구식으로 짐작할 때, 나는 모든 것을 철저하게 수치화하기 시작했다. 막연히 "세련된 수전을 달아드릴게요"라고 말하는 대신, 수전의 정확한 브랜드, 품번, 질감, 그리고 바닥에서부터 몇 밀리미터(mm) 높이에 설치할 것인지까지 설명을 넣었다. 문짝 하나를 달아도 경첩의 종류, 버티는 하중, 닫히는 속도까지 스펙북에 명확히 기재했다. 벽지의 톤, 타일의 메지(줄눈) 두께, 조명의 조도와 색온도까지 고객과 나누는 모든 대화와 약속을 데이터로 만들고 문서화했다.

이것은 단순히 꼼꼼함의 문제가 아니었다. 고객이 인테리어 업체에 느끼는 가장 큰 공포인 '불확실성'을 완벽하게 제거하는 작업이었다. 근거가 명확하니 싸울 일이 사라졌다. 분쟁이 사라지니 고객의 만족도는 폭발적으로 상승했고, 이는 곧 압도적인 신뢰와 평판으로 이어졌다. '아울디자인에

맡기면 뒤통수 맞을 일이 없다', '사인한 그대로 오차도 없이 공간이 튀어나온다'는 소문이 시장에 퍼지는 데는 그리 오랜 시간이 걸리지 않았다.

15년이 지난 지금도, 놀랍게도 이 시스템을 완벽하게 구현하며 현장을 통제하는 인테리어 회사는 생각보다 많지 않다. 여전히 많은 업체가 과거의 방식에 머물러 감과 경험에 의존한다. 그것이 내가 아무런 백도, 자본도 없이 이 시장에 뛰어들어 수백억 매출이라는 거대한 성벽을 쌓아 올릴 수 있었던 가장 핵심적인 이유다. 남들이 진흙탕 속에서 서로 멱살을 잡고 감정싸움을 벌일 때, 나는 조용히 선을 그으며 나만의 흔들리지 않는 룰을 만들었다.

거대한 결핍이 있는 곳, 대중의 불신이 극에 달한 곳, 모두가 낡은 관행에 젖어 발전하지 않는 곳. 바로 그곳이 평범한 사람이 판을 뒤집고 압도적인 부를 쟁취할 수 있는 '진짜 기회의 땅'이다. 내가 대기업의 안락한 의자를 박차고 나와, 기꺼이 노가다판이라 불리던 현장의 먼지를 뒤집어쓴 이유가 바로 이것이다. 나는 이 길의 끝에 무엇이 있는지 정확히 알고 있었고, 그저 묵묵히 그 길을 시스템으로 포장하며 걸어갔을 뿐이다.

하지만 내가 이렇게 지독할 정도로 '스스로 살아남는 법'
과 '돈을 버는 구조'에 집착하게 된 데에는 이것으로도 설명
이 부족하다. 다 그럴 만한 사연이 있었다. 온실 속 화초처
럼 유복하게 자랐던 내가, 왜 굳이 그 험한 공사판의 흙먼지
를 마시며 밑바닥부터 박박 기어야만 했을까? 그 잔혹하고
도 뼈아픈 나의 조금 더 과거 시절로 시계를 잠시 되돌려 보
겠다.

금수저에서 13평 단칸방으로:
바닥에 처박혀야 비로소 보이는 것들

어린 시절, 나는 소위 말하는 '금수저'를 입에 물고 태어났다. 할아버지는 마포구와 성산동 일대에 주택 30채를 지어 올린 디벨로퍼이자 회장이셨고, 아버지 역시 그 피를 물려받아 28살이라는 젊은 나이에 건설사 사장 자리에 올랐다. 그런 아버지는 30대 중반에 일찌감치 조기 은퇴를 하셨을 정도로 집안에 자산과 재산이 넘쳐났다. 유복한 환경 덕분에 학창 시절 내게 결핍이나 어려운 가정환경 같은 단어는 비집고 들어올 틈이 없었다. 공부는 특출나지 않았지만 타고난 리더십이 있어 고등학교 2학년 때는 전교 부회장을 지냈다.

사고 싶은 것은 다 사고, 갖고 싶은 것은 다 가질 수 있는 환경이었다. 부족함이 없다 보니 역설적으로 간절히 하고 싶은 것도 없었다. 그저 막연하게 운동선수나 되어야겠다는 생각 정도가 전부였다.

하지만 온실 속 화초 같던 내 인생은 스물세 살 무렵, 아버지가 감당할 수 없을 만큼 큰 사기를 당하면서 산산조각이 났다. 매달 빠져나가는 이자만 무려 1억 원에 달했다. 그렇게 4년이라는 끔찍한 시간이 흐르자 이자는 빚이 되었고, 빚은 또 다른 빚을 낳아 눈덩이처럼 불어났다. 결국 아버지는 평생 보유했던 자산을 처분해야만 했다. 남부러울 것 없이 거의 100평짜리 대저택에 살던 부잣집 아들이던 나는, 하루아침에 13평짜리 비좁은 단칸방에서 홀로 살아가야 하는 완전한 빈털터리 거지 신세로 전락했다.

흔히 '부자는 망해도 3대는 간다'고들 한다. 가만히 보니 그 말이 딱 맞았다. 우리 집안의 부는 정확히 아버지 세대, 딱 거기서 끝이 났다. 이제 내 차례부터는 온전히 내 힘으로 비바람을 맞으며 앞가림을 해야 하는 잔혹한 현실이 닥친 것이다.

아버지 세대의 형제자매만 9남매였는데, 나는 그 어른들이 살아가는 모습을 지켜보며 뼈저린 교훈을 하나 얻었다. 할머니는 자식들이 스무 살 남짓한 어린 나이일 때 호프집을 덥석 차려주는 식으로 쉽게 사업을 시작하게 지원해 주셨다. 하지만 바닥부터 구르며 고기 잡는 법을 배우지 않고, 윗대에서 쥐여 준 돈으로 덜컥 시작한 사업에 탄탄한 내실이 있을 리 만무했다. 결국 거대한 돈줄이 끊기고 진짜 위기가 닥쳤을 때, 스스로의 힘으로 위기를 돌파하고 자립하는 능력들이 턱없이 부족해 보였다.

나는 그 모습들을 지켜보며 직감했다. '아, 든든한 뒷배만 믿고 내실 없이 함부로 사업판에 뛰어들었다간 한순간에 무너지는구나. 나는 저렇게 시작하지 않아야겠다. 10년이 넘게 걸리더라도, 당장 길거리에 나앉아도 나를 먹여 살릴 수 있는 진짜 '기술'부터 확실하게 내 몸에 새겨 넣어야겠다.'

그것이 내가 번듯한 사장님 대신, 가장 밑바닥 현장으로 기어 들어가 땀을 흘리며 진짜 기술을 배우기로 독하게 결심한 이유였다.

그 길로 나는 바닥부터 지원 없이 굴러 보기로 결심했다. 당시에 정치외교학과를 다니고 있었는데, 대학교 2학년 때, 국회의원 비서 인턴으로 들어가 한 달에 150만 원 남짓한 월급

을 받으며 처음 사회의 쓴맛을 보았다. 이어 스물다섯에는 KT&G(구 담배인삼공사)에 입사했다. 하지만 11개월 동안 차를 몰고 편의점을 돌며 담배 재고를 확인하고 채워 넣는 일은, 영업이라기보다는 단순 노동의 반복에 불과했다. 모든 일에는 단계가 있고 기본기를 다져야 큰일을 할 수 있다는 것을, 당시의 나는 너무 어려서 깨닫지 못했다. 결국 성장에 대한 갈증을 참지 못하고, 당시 대한민국 1위 인테리어 내장재 (도어, 몰딩 등) 제조 및 유통 중견기업인 '영림'으로 자리를 옮겼다.

그곳에서의 시간은 그야말로 치열한 생존의 연속이었다. 2010년 당시 4,000만 원이라는 꽤 높은 초봉을 받았지만, 일의 강도는 상상을 초월했다. 1톤 화물 트럭에 인테리어 자재를 싣고 대리점을 돌며 배송과 영업을 병행했다. 영림은 본사 공장에서 대리점으로 물건을 쏘아 보내는 인프라가 워낙 탄탄해, 맨땅에 헤딩하는 영업보다는 거대한 물류와 시스템의 메커니즘을 배우는 쪽에 가까웠다. 공장의 몰딩 상황실에서 주문 제작 발주를 관리하고, 물건을 받아 영업사원들이 납품할 수 있게 오더를 내리는 생산의 전체 과정을 온몸으로 흡수했다.

그러던 어느 날, 내 인생을 관통하는 거대한 깨달음을 얻은 사건이 터졌다. 고참 선배가 도저히 혼자 감당할 수 없는 엄청난 양의 업무를 이른바 '짬처리'로 내게 떠넘기고 퇴근해 버린 것이다. 일에 치여 머리가 어지럽고 눈앞이 캄캄해졌다. 오후 2시, 나는 대리님께 전화를 걸어 "도저히 아무것도 못 하겠습니다"라며 그 자리에 말 그대로 주저앉아 버렸다. 내 인생에서 과부하가 걸려 포기해버린 첫 순간이었다. 하지만 수화기 너머로 날아오는 쌍욕을 듣고 퍼뜩 정신을 차렸다. '눈 딱 감고, 머리 써서 딱 하나씩만 천천히 해보자.' 지끈거리는 머리를 부여잡고 엉킨 실타래를 한 가닥씩 풀어나가듯 눈앞의 일들을 쳐내기 시작했다. 내일모레까지 꼬박 밤을 새워도 절대 안 끝날 것 같던 그 산더미 같은 일들이, 저녁 7시가 되자 거짓말처럼 전부 끝났다. 그때 깨달았다. 엄청난 압박감이 짓누를 때도 절대 주저앉지 않고 하나씩 직면하면 다 정리가 된다는 것을. 일이라는 게 결국 별게 없으며, 세상에 해결하지 못할 문제는 없다는 것을 나는 20대 중반에 깨달아버렸다.

이후 나는 처음 다짐했던 '바닥부터 올라가겠다'는 결심을 증명하듯, 짐승처럼 일했다. 새벽 4시에 출근해 짐을 싣고 나가는 '조출' 업무를 밤 10시까지 혼자 도맡아 했다. 당시 고참들은 조출을 꺼렸고 후임들은 혼자 새벽에 내보내기엔 미덥지 않았기 때문이었다. 살인적인 스케줄 속에서 살아남기 위해 나는 극한의 효율을 추구했다. 트럭에 문짝 하나라도 더 싣기 위해 테트리스를 하듯 '나라시(적재 요령)'를 연구했고, 60~70대 용차 기사님들과 이야기를 나누며 시스템을 자동화했다. 그러다 보니, 일 못하는 사람들이 트럭 한두 대를 겨우 띄울 때, 나는 한 방에 일곱, 여덟 대의 트럭을 동시에 출발시켰다. 그 자동화를 통해서 업무 속도가 남들보다 5배는 빨라졌다. 사람을 부리는 법과 효율의 절대적인 가치를 철저한 현장에서 체득한 것이다. 돈 쓸 시간조차 없어 2년 6개월 만에 1억 원이라는 종잣돈을 모았고, 연봉도 빠르게 5,000만 원으로 뛰었다.

하지만 그곳에서도 조직의 한계는 명확했다. 내가 아무리 일을 백만 배 더 잘해도, 고참들과 술자리를 가지며 비위를 맞추고 사내 정치를 잘하는 후임이 나보다 승진이 빨랐다. 회사의 불합리한 문화와 비용 누수 문제를 지적하며 개선안을 들이미는 나를 고참들은 눈엣가시처럼 여겼다. 깊은 매너리즘과 번아웃이 밀려왔고, '이런 낡은 조직에서 계속 일하다가는, 훗날 내가 진짜 하고 싶은 사업을 영영 할 수 없겠구나'라는 생각을 했다.

결국 나는 사표를 던지고 진짜 '기술'을 찾아 나섰다. 100평짜리 집에서 13평으로 쫓겨난 기억은 내 안에 돈에 대한 지독한 갈증을 심어놓았다. 연봉 5,000만 원이라 해봐야 보너스를 제외하면 한 달에 고작 360만 원 남짓이었다. 자본이 없어도 대체 불가능한 존재가 될 수 있는 무기, 기술은 배신하지 않는다는 확신 하나로 학원에 사비 120만 원을 들여 목수 일을 배우기 시작했으나, 곧이어 다른 과목들인 타일, 도배, 필름까지 총 480만 원을 투자해 네 가지 기술을 모조리 배웠다.

이후엔 목수 일을 본격적으로 시작하기 위해 평소 알고 지내던 형님을 따라 건설 현장에 나갔다. 문틀과 문짝 30개를 세우고 세트당 일당을 받는 작업이었다. 하지만 현장의 현실은 학원과 달랐다. 기술을 가르쳐 줄 것처럼 굴던 형님들은 하자가 나면 안 된다는 이유로 3개월 내내 내게 무거운 자재를 나르고 쓰레기만 치우는 '데모도(보조)' 역할만 시켰다. 이래서는 평생 기술을 못 배우겠다 싶던 찰나, 내 시야를 완전히 뒤집어놓는 장면을 목격했다. 현장을 지휘하는 목수 '오야지(반장)'의 일당은 25만 원이었다. 주 5일만 일해도 한 달에 500만 원, 1년이면 세전 기준으로 연봉 1억 원에 가까운 돈이었다. 그런데 가만히 지켜보니, 그 기술자들을 부리고 도면을 쳐서 현장을 진두지휘하는 '인테리어 회사 사장'들은 그보다 훨씬 더 많은, 1억 원 이상의 돈을 거뜬히 쥐고 있었다. '진짜 돈을 버는 사람은 몸으로 기술을 펼치는 사람이 아

니라, 기술자를 조율하고 판을 짜는 사람이구나.'

덕분에 나의 다음 비전이 명확해졌다. 나는 28살의 나이에 사장과 단둘이 일하는 작은 인테리어 회사에 입사했다. 첫 출근날, 말끔하게 정장을 입고 나간 내게 사장은 다짜고짜 마루를 철거하고 싱크대와 벽, 몰딩을 뜯어내라고 지시했다. 나는 정장 차림으로 먼지 구덩이를 뒹굴며 철거부터 목공, 필름 시공까지 전천후로 몸을 굴렸다. 당시 목수 일당이 18만 원, 필름이 십수만 원(현재는 28만 원 선)이었으니, 모든 것을 다 할 줄 아는 나는 회사 입장에서 최고의 무기였다.

거기에서 더 나아가, 나는 내 일만 쳐내는 것에 만족하지 않았다. 나와 함께 일하는 협력업체와 거래처 사장님들이 조금이라도 더 잘되기를 바라는 마음에, 어떻게든 현장의 '원가'를 내 몸을 갈아 아껴주기 시작했다.

당시 현장에서는 모래와 시멘트가 섞여 나오는 '레미탈'을 주로 썼다. 한 포대에 5,000원이니 두 포대면 10,000원이다. 하지만 시멘트(5,000원)와 모래(2,000원) 포대를 따로 사서 현장에서 직접 섞어 쓰면 7,000원이라 단숨에 3,000원이 절감된다. 나는 여기서 한 발 더 나아갔다. 그 2,000원짜리 모랫

값조차 더 아껴주려고, 주말인 토요일마다 직접 트럭을 몰고 골재장으로 향했다.

포크레인으로 트럭 짐칸에 거칠게 쏟아부은 거대한 모래더미를, 나는 삽으로 푹푹 떠서 52개의 빈 마대에 내 손으로 일일이 퍼 담았다. 그렇게 무식하게 몸을 굴려 마대당 1,500원씩, 총 6만 원에 달하는 생돈을 기어코 아껴냈고, 그 돈을 전부 협력업체의 이윤으로 챙겨주었다. 타카핀 하나 버려지는 것조차 아까워하던 때였다. 다른 사람들이 잘되어야 나도 잘된다는 기버의 룰이 바로 이 치열한 인테리어 현장에서부터 내 뼛속에 완벽하게 자리 잡았던 것이다.

나는 그렇게 인테리어 바닥에서 숱하게 깨지고 구르며, 2명인 회사에서 3명인 곳으로, 다시 10명인 곳으로 회사를 서너 군데 옮겨 다니며 한 단계씩 레벨업을 했다. 그리고 32살, 마침내 내 이름을 건 '아울디자인'을 창업했다. 사업에 대한 두려움? 그런 건 애초에 없었다. 내가 가진 몸뚱이와 기술로 밤낮없이 현장을 뛰면, 적어도 직원 두 명의 월급 700만 원(인당 250만 원에 부대비용 포함)은 내 몸으로 때워서라도 충분히 감당할 자신이 있었기 때문이다.

이렇게 젊은 시절 내내, 나는 일의 '절댓값'을 압도적으로 높였다. 특히 인테리어라는 업의 특성상, 공간의 용도에 따라 요구되는 디테일이 하늘과 땅 차이로 달랐다. 남들이 대충 겉모습만 꾸미고 넘어가더라도, 나는 그 보이지 않는 디테일을 무식하게 파고들었다. 병원 인테리어를 할 때는 컴프레서실의 방음과 치과 석션의 열 발생 메커니즘을 뜯어보았고, 정형외과는 방사선 노출을 막기 위한 납문의 규격을 연구했다. 베이커리의 컨벡션 오븐 하나가 20kW를 잡아먹어 한전에 30~50kW 전기 증설을 빡세게 해야 한다는 사실, 카페 제빙기의 배수 설비와 정수 필터의 구조까지 수도 없이 묻고 배우며 다녔다. 이 수많은 분야의 다양한 경험들이 겹겹이 쌓이자, 그것은 그 누구도 흉내 낼 수 없는 나만의 압도적인 본질로 강화되었다. 겉포장만 번지르르한 가짜들이 절대 베낄 수 없는 진짜 무기가 내 안에 완성된 것이다.

지금도 나는 직원들에게 신신당부한다. "제발 폼 잡지 마라. 모르는 걸 묻는 게 쪽팔린 게 아니라, 모르는 걸 아는 척 기싸움하며 넘어가는 얄팍한 태도가 네 인생을 2~3년씩 후퇴시킨다." 나는 단칸방과 밑바닥 진흙탕을 뒹굴어본 자만이 가질 수 있는 독기와, 남들이 '노가다'라 부르며 기피하는 현장의 모든 디테일을 손에 쥐고 있었다. 그것이 나를 지금의

세계로 밀어 올린 가장 강력하고 대체 불가능한 무기가 되
었다.

완벽주의라는 불치병:
핑계 댈 시간에 일단
쓰레기라도 만들어라

물론 연매출 100억이라는 거대한 숫자가 하루아침에 뚝딱 만들어진 것은 아니다. 나 역시 처음 내 이름을 건 사업을 시작했을 때는, 당장 내일 직원들 월급을 어떻게 줘야 할지 막막해하며 맨땅에 헤딩하던 풋내기 사장이었다.

직원 두 명을 데리고 호기롭게 창업의 문을 열었지만, 고정적으로 나가야 하는 인건비와 부대 비용을 합치면 숨만 쉬어도 700만 원이 허공으로 증발했다. 나는 내 몸을 갈아 넣어서라도 당장 돈이 되는 건 무조건 다 해야만 했다. 가치를 만들고 회사를 굴리려면 결국 무조건 돈 버는 데 포커싱을 맞춰야 했고, 그러기 위해 가장 절실한 것은 '마케팅'이었다.

처음 시도한 것은 무식한 아날로그 방식이었다. 300만 원이라는 거금을 들여 종이컵에 '아울인테리어'라는 상호와 내 전화번호를 인쇄했다. 그리고 일주일에 걸쳐 마포구 일대에 있는 모든 부동산을 이 잡듯이 뒤지며 종이컵을 싹 다 돌렸다. 결과는 어땠을까? 전화가 딱 한 통 왔다. 그것도 대규모 인테리어 공사가 아니라 "도배하는 데 얼마냐"는 문의였다. 그 전화를 받고 힘이 쫙 빠졌다. 도배 공사를 딴다 한들 수중에 남는 마진은 고작 10만 원 남짓이다. 그런데 나는 종이컵 돌리는 데만 300만 원을 썼으니, 그야말로 미친 짓을 한 셈이다.

아차 싶었다. '이게 아닌가?' 그래서 당시 유행하던 블로그도 써보고 키워드 광고에도 돈을 부어 보았다. 하지만 돈만 뭉텅이로 빠져나갈 뿐, 대행사는 관리조차 제대로 해주지 않았다. 매일 전화해서 싸우는 게 일이었다. 이번엔 동네 사람들을 직접 타깃팅하겠다며 아파트 엘리베이터 15초짜리 영상 광고에 350만 원을 태웠다. 몇만 세대가 사는 아파트 단지에 광고를 틀었으니 당연히 문의가 쏟아질 줄 알았다. 하지만 한 달 내내 단 한 통의 전화도 오지 않았다. 효과가 아예 제로였다. 일반 직장인들에게 350만 원은 피 같은 돈이고, 갓 창업한 내게도 거금이었지만 그렇게 속절없이 날아가 버렸다.

마케팅이란 마케팅은 다 해보고 처참하게 실패한 뒤, 나는 벼랑 끝에서 '유튜브'라는 미지의 영역을 발견했다. 사업을 시작한 지 딱 1년 차 되던 해의 일이다. 지금이야 흔하지만(현재 유튜브 7년 차다), 당시는 인테리어 업자가 유튜브를 하는 경우가 아예 없던 완벽한 '블루오션'이었다.

만약 내가 여기서 "전문 편집자나 PD를 구할 돈이 없으니까", "말주변이 없으니까"라며 준비를 핑계 댔다면 지금의 아울디자인은 없었다. 나는 일단 카메라부터 한 대 샀다. 현장 일이 모두 끝나는 밤 10시나 11시가 되면, 대충 카메라를 들고 무작정 영상을 찍었다. 그리고 자취방으로 돌아와 눈을 비비며 새벽 2시까지 직접 영상을 편집했다.

나는 이 지독한 과정을 일상 루틴으로 만들었고, 일주일에 영상 하나씩 올리는 무식한 짓을 반복했다. 성과를 만들어내는 가장 압도적이고 절대적인 요소는 바로 '습관'이다. 습관은 기어코 위대한 것을 만들어낸다. 나는 7년 전에 유튜브를 시작해서 일주일에 영상 한 편을 올린다는 이 습관을 지금껏 깨지 않았다. 이것이 우리 회사가 마케팅으로 폭발적으로 성장하게 된 가장 큰 배경이다.

처음에는 뭘 모르니까 그냥 매일 찍어 올렸다. 그런데 일주일에 하나씩 영상이 쌓이다 보니, 어느 순간부터 내 채널을 보는 시청자의 연령층은 어떤지, 어떤 영상이 조회수가 잘 나오는지 명확한 데이터베이스가 보이기 시작했다. 당시 우리 회사는 주로 상공간(상가) 인테리어를 많이 했는데, 어쩌다 우연히 올린 아파트 리뷰 영상 하나가 2만 뷰가 터져버린 것이다. 그 후로 아파트 공사 문의가 빗발치듯 쏟아졌다. 그때 나는 '표본'의 개념을 뼈저리게 배웠다. 대중이 가장 호응하는 집 리뷰, 즉 표본이 압도적으로 넓은 아파트 시장을 파고들어야 거대한 게임을 할 수 있다는 사실을 말이다.

이것이 아울디자인을 다른 레벨로 끌어올린 첫 번째 점프였다. 나는 즉시 방향을 틀어 수요가 가장 많은 32평형 구조의 구축 아파트 인테리어를 완벽하게 시스템화시켰다. 똑같은 구조의 집들을 정교한 매뉴얼로 쳐내기 시작하자 폭발적인 성과가 났다. 당시 순수익으로만 한 달에 3,000~5,000만 원씩 꽂혔고, 5~6명에 불과했던 직원은 1년 만에 15명으로 불어났다.

그 후로 나는 내가 가진 모든 정보와 가치, 인테리어의 비법들을 유튜브에 남김없이 퍼주기 시작했다. 백종원 대표나 '흑백요리사'의 나폴리 맛피아 같은 정상급 셰프들이 대중에게 자신의 레시피와 하이엔드 레스토랑의 비법을 거리낌 없이 공개하며 사랑받는 것과 같은 이치였다. 정보의 비대칭을 깨고 내 밑천을 다 보여주자 대중의 호응은 폭발했다.

주변에서는 우려 섞인 목소리로 묻는다. "그렇게 비법을 다 알려주면 경쟁사들이 똑같이 따라 해서 당신 밥그릇 뺏기는 거 아니냐?"

내 대답은 단호하다. 매번 이야기하는 것들이지만, 100% 다 알려줘도 그들은 절대 나를 따라 하지 못한다. 요리를 해본 사람은 안다. 똑같은 소스와 삼겹살, 스테이크를 쥐여줘도 셰프마다 맛이 다 다르다. 불의 온도를 어떻게 조절하느냐, 고기를 어느 타이밍에 뒤집느냐, 조미료를 언제 가미하느냐 같은 아주 미세한 디테일에서 감칠맛이 결정되기 때문이다. 스테이크를 구울 때 후추를 잘못 넣으면 겉이 타버린다. 하지만 그 타는 성질을 역으로 이용해 완벽하게 시어링

(Searing)을 해내는 사람이 있다. 버터의 양, 레스팅(Resting) 시간 등 똑같은 레시피를 줘도 결과물은 천지 차이다. 우리는 이것을 '손맛'이라 부르지만, 그 실체는 결국 수없이 실패해 보며 쌓은 엄청난 '디테일과 경험의 차이'다.

인테리어도 완벽하게 똑같다. 공간의 압도적인 힘을 결정짓는 것은 재료, 질감, 빛, 비율, 그리고 비례다. 공간에 배치된 테이블 하나를 고작 2~3cm만 옮겨도 공간이 주는 무게감과 공기 자체가 달라진다. 글을 쓸 때 아주 미세한 후킹 멘트 한두 마디로 글의 흡입력이 확 바뀌는 것처럼, 이것은 철저한 예술의 구간이다. 아무리 내가 도면과 세팅 값을 유튜브에서 이야기해도, 본인이 직접 몸으로 부딪혀본 경험이 없으면 절대 그 퀄리티를 따라 할 수 없다.

그러니 아무리 좋은 자료가 회사에 산더미처럼 쌓여 있어도, 내가 아닌 직원들이 그걸 숙지하고 체화하지 못하면 아무 쓸모가 없다. 그래서 나는 회사에 엄청나게 까다로운 '자체 시험' 제도를 도입했다. 직원들은 이 매뉴얼을 달달 외우고 교육과 체계적인 강의를 거쳐 시험에 합격해야만 비로소 현장에 나갈 자격을 얻고 정규직으로 전환된다. 철저한 교육과 시스템. 이것이 아무도 우리를 카피할 수 없는 굳건한 성벽이다.

지금도 새로운 도전을 망설이는 사람들을 보면 답답해 미칠 노릇이다. "내가 어설프게 올렸다가 사람들이 비웃으면 어떡하지?" 이런 두려움에 사로잡혀 시작조차 못 하는 이른바 '게으른 완벽주의자'들이 너무 많다. 단언컨대 세상에 그보다 멍청한 짓은 없다. 완벽을 핑계로 아무것도 하지 않으면, 결국 당신 손에는 어떠한 데이터도, 1%의 성장도 남지 않는다. 내가 새벽 2시까지 부족한 영상들을 편집하며 쌓아올린 투박한 습관이 데이터로 남아, 결국 이 모든 거대한 시스템의 첫 단추가 되었다. 완벽하지 않음에 대한 핑계는 그만 집어치워라. 핑계 댈 시간에 일단 쓰레기라도 좋으니 세상에 내던지는 것, 그것들을 데이터로 만드는 것. 그것이 당신을 다음 스테이지로 이끌 유일한 방식이다.

고객이 "괜찮다"고 할 때
테이블을 엎어야 하는 이유

물론 방금 전까지 나는 "핑계 댈 시간에 일단 쓰레기라도 만들어 세상에 내던지라"고 매몰차게 말했다. 그런데 이 말을 듣고 '아, 어차피 완벽할 수 없으니 대충 결과물을 만들어 팔아도 된다는 뜻이구나'라고 오해했다면 당장 이 책을 덮길 바란다.

내가 완벽주의를 버리라고 한 것은 유튜브 영상 제작이나 마케팅 같은 '새로운 도전과 성장의 과정'에 한해서다. 하지만 누군가의 피 같은 돈을 받고 내 이름 석 자를 걸고 내놓는 비즈니스의 결과물 앞에서는 이야기가 180도 달라진다. 내 뼈를 깎아 만드는 진짜 무기, 즉 고객에게 돈을 받고 제공하는 핵심 가치 앞에서는 단 1%의 타협도, 어설픈 결과물도 결코 용납될 수 없다.

비즈니스의 본질이 이윤 창출이라는 것은 초등학생도 안다. 그런데 나는 수천만 원, 심지어 수억 원짜리 계약서에 도장을 찍기 직전, 눈앞에서 펜을 내려놓고 계약을 엎은 적이 한두 번이 아니다. 주변 사람들은 다 잡은 물고기를 왜 발로 걷어차느냐며 혀를 찼지만, 나는 한 치의 망설임도 없었다.

가장 대표적인 상황은 돈을 쥐고 있는 고객이 먼저 "원칙을 깨자"고 달콤하게 유혹할 때다. 인테리어 공사는 절대적인 물리적 시간이 필요한 작업이다. 콘크리트가 마르고, 칠이 건조되고, 자재가 오차 없이 결합하려면 최소한의 공기(공사 기간)가 무조건 확보되어야 한다. 그런데 간혹 입주 일정이 촉박하거나 비용을 깎고 싶은 고객들이 이렇게 제안한다.

"대표님, 저는 진짜 괜찮아요. 눈에 안 띄는 곳 마감은 조금 덜 나와도 상관없으니까, 중간 과정 몇 개 생략하고 기간 좀 당겨서 이 가격과 일정에 맞춰주세요. 무슨 문제 생겨도 제가 다 감수할게요."

남들이 보기엔 이보다 더 꿀 같은 제안이 없다. 돈을 주는 고객 본인이 퀄리티가 떨어져도 괜찮다고 면죄부를 주었으니, 업자 입장에서는 대충 빨리 끝내고 잔금만 챙기면 그만 아닌가. 하지만 나는 그 말을 듣는 즉시 이번 계약이 이루어지지 않을 것임을 직감한다. "죄송하지만, 그 일정과 조건으로는 저희가 공사 못 합니다. 다른 업체 알아보십시오."

왜 그럴까? 고객의 "괜찮다"는 말은 비즈니스 판에서 가장 치명적인 독약이기 때문이다. 사람의 마음은 화장실 들어갈 때와 나올 때가 완벽하게 다르다. 공사할 때는 당장 일정이 급하니까 괜찮다고 호언장담하지만, 막상 공사가 끝나고 삐뚤어진 마감이나 하자를 두 눈으로 마주하면 어떨까? "아, 내가 그때 빨리 해달라고 해서 이렇게 엉망이 된 거구나. 내 탓이네." 하고 너그럽게 이해해 줄 고객은 이 세상에 단 한 명도 없다.

결국 그들은 동네방네 "아울디자인에 수천만 원 주고 맡겼더니 마감이 이따위더라"라며 욕을 하고 다닐 것이다. 고객이 허락한 타협이라 할지라도, 세상에 남겨진 그 형편없는 결과물에는 온전히 '아울디자인'이라는 내 브랜드의 꼬리

표가 평생 붙어 다닌다. 고작 눈앞에 떨어지는 몇천만 원, 몇 억 원의 잔금을 챙기자고, 내가 수년간 피땀 흘리며 쌓아 올린 브랜드의 '신뢰'와 '본질'을 시궁창에 처박을 수는 없는 노릇이다. 새로운 도전에서는 기꺼이 어설픔을 내던졌던 내가, 진짜 승부처인 현장에서는 1mm의 오차에도 용납할 수 없는 이유다.

하지만 밖에서 밀려오는 고객의 타협을 아무리 철벽같이 막아낸다 한들, 정작 내부에서 퀄리티가 썩어 들어가면 아무 소용이 없다. 내가 수억 원의 계약을 엎는 것보다 훨씬 더 무섭고 치명적인 것은, 바로 '직원들이 현장에서 스스로 해버리는 타협'이기 때문이다.

인테리어 현장은 변수의 연속이다. 아무리 1,000페이지 짜리 매뉴얼을 달달 외워도 실수는 무조건 발생한다. 직원이 치수를 잘못 재서 배관을 엉뚱한 곳에 묻거나, 수백만 원짜 리 타일을 잘못 발주하는 대형 사고가 터질 수도 있다. 보통 의 회사라면 어떻게 할까? 대표가 불같이 화를 내며 직원을 쥐잡듯이 잡고, 시말서를 쓰게 한 뒤 월급에서 손해 배상을 청구하거나 인사 고과에 페널티를 줄 것이다.

하지만 이런 식의 '공포 정치'가 현장에 적용되면 소름 돋는 결과가 초래된다. 직원들은 자신이 다치고 징계받을 것이 두려워 '실수를 조용히 덮어버리는 선택'을 한다. 치수가 미세하게 틀어진 걸 알면서도 실리콘으로 떡칠을 해서 대충 눈속임을 해놓거나, 잘못된 배관을 몰래 벽 안에 숨겨놓고 그대로 마감재를 덮어버린다. 당장 겉보기엔 멀쩡해 보이니까 위기를 모면할 수 있다.

그러나 그 숨겨진 얄팍한 타협은 1년, 2년 뒤에 거대한 누수가 되고 곰팡이가 되어 수천만 원, 수억 원의 하자 보수 비용과 치명적인 브랜드 손상으로 돌아온다. 직원의 실수 하나를 징계하려다가, 회사의 뿌리가 통째로 썩어 들어가는 것이다. 내가 고객의 "괜찮다"는 말을 거부하는 이유가 '완벽한 마감'을 지키기 위함인데, 내부 직원의 두려움이 그 마감을 망치고 있다면 이 시스템부터 뜯어고쳐야 했다.

그래서 나는 내부적으로도 기존 경영의 상식이라는 테이블을 완전히 엎어버렸다. 회사 내에서 시말서 제도를 완전히 폐지해 버린 것이다.

나는 전 직원에게 이야기했다. "현장에서 너희가 무슨 사고를 치든, 자재를 날려 먹어서 돈이 얼마가 깨지든 절대 너희에게 금전적, 인사적 책임을 묻지 않겠다. 시말서도 쓸 필요 없다. 대신 조건이 하나 있다. 실수한 걸 발견한 즉시 1초의 망설임도 없이 나에게 보고해라. 두려워서 덮지 말고, 벽을 다 때려 부수고 처음부터 다시 지어라. 다시 짓는 데 들어가는 수백만 원의 비용은 회사가 100% 감당한다.”

놀랍게도 시말서를 없애고 책임을 묻지 않자, 조직은 투명해졌다. 직원들은 실수를 숨기지 않는다. 현장에서 사고가 터지면 곧바로 보고하고, 자기 손으로 잘못된 벽을 과감하게 허물고 다시 짓는다. 징계에 대한 두려움이 사라진 조직, 이른바 ‘두려움 없는 조직’이 탄생한 것이다. 그들은 오직 눈앞의 ‘완벽한 마감’이라는 본질에만 집착하게 되었다. 당장의 자재비 손실 몇백만 원을 대표인 내가 기꺼이 짊어지는 대신, 평생 무너지지 않는 완벽한 퀄리티와 수백억짜리 브랜드의 신뢰를 지켜내는 것이다.

당신은 눈앞의 천만 원, 혹은 당장의 안위를 위해 당신만의 철칙을 헐값에 팔아넘기고 있지 않은가? 고객이 이만하면 됐다고 할 때, 혹은 상사가 대충 이 정도 퀄리티면 넘어갈 수 있다고 타협을 종용할 때, 스스로의 기준에 차지 않는다면 과감하게 “안 됩니다”라고 말하며 테이블을 엎을 수 있는 ‘깡’. 그것이 평범한 조직을 구성하는 톱니바퀴를 절대 대체 불가능한 강점으로 만들고, 당신을 다음 스테이지로 이끄는 가장 압도적인 무기다. 세상의 적당한 기준에 당신을 맞추지 마라. 오직 당신이 세운 미친 기준에 세상을 맞추게 만들어라.

연매출 100억을 찍고 길바닥에 쓰러진 날, 내 회사가 가짜임을 깨달았다

"고객의 타협을 단호하게 거절하고, 나만의 미친 기준을 세워 세상을 거기에 맞추라."

앞서 나는 이렇게 호언장담했다. 실제로 나는 그 완벽한 마감과 미친 기준을 지키기 위해 누구와도 타협하지 않았고, 오차를 허용하지 않으며 현장을 이 잡듯 돌아다니며 살았다.

하지만 인간의 육체는 기계가 아니다. 내 모든 뼈와 살을 갈아 넣어 미친 듯이 달린 대가는 결국 내 몸의 붕괴로 이어졌다. 프롤로그에서 짧게 고백했듯, 사업 5년 차에 연매출

100억이라는 꿈의 고지를 밟았을 때 나는 길바닥에서 전신 경련을 일으키며 고꾸라졌다.

숨이 턱턱 막히고 온몸의 근육이 제멋대로 꼬이는 끔찍한 고통 속에서 응급실로 실려 갔다. 남들이 보기엔 30대 중반의 젊은 나이에 수십 명의 직원을 거느리고 100억 대 매출을 올리는 성공한 청년 사업가였을 것이다. 나 역시 그 화려한 숫자에 취해 스스로를 대단한 놈이라 여겼다. 하지만 차가운 응급실 병상에 누워 천장을 멍하니 올려다보던 그날 새벽, 나는 뼈저린 현타와 함께 내 회사가 가짜라는 사실을 깨달았다.

왜 가짜냐고? 만약 내가 이대로 병상에서 한 달 동안 일어나지 못한다면 어떻게 될까? 회사의 모든 시스템은 그 즉시 마비되고, 매출은 반토막이 나며, 결국 100억짜리 회사는 모래성처럼 허무하게 무너져 내릴 것이 뻔했기 때문이다. 그것은 진짜 비즈니스가 아니었다. 그저 '아울디자인의 대표'라는 한 명의 기술자가 자기 몸을 땔감으로 던져 넣어 억지로 멱살 잡고 끌고 가는 거대한 프리랜서 작업장에 불과했다.

당시 내 회사에는 30명 가까운 직원이 있었다. 하지만 회사의 실질적인 뇌와 심장은 오직 나 하나뿐이었다. 앞서 말한 그 '미친 기준'을 지키기 위해, 나는 지독한 완벽주의자이자 누구도 믿지 못하는 통제광이 되어버렸다. 직원이 30명이나 되는데도 고객과의 첫 상담부터 도면 설계, 디자인 컨펌, 심지어 현장에 반입되는 타일의 색상과 마감재의 디테일까지 모든 것을 내 두 눈으로 확인하고 내 손을 거쳐야만 직성이 풀렸다. 현장과 사무실을 오가며 매일 고래고래 소리를 질렀다. 하루에 수백통이 넘는 연락을 받으며 모든 의사결정을 독단적으로 내렸다. 나는 그것이 대표의 '책임감'이자 '열정'이라고 굳게 믿었다. 내가 이렇게 완벽하게 통제하고 미친 듯이 일하니까 회사가 100억을 찍은 것이라며 나의 맹신과 오만함은 하늘을 찔렀다.

하지만 내 오만함이 만든 조직의 이면은 처참하게 썩어가고 있었다. 모든 결정권이 대표에게 집중되고 대표의 기준만이 절대적인 정답이 되는 순간, 조직에는 끔찍한 부작용이 발생한다. 바로 직원들이 생각을 멈추고 있었던 것이다.

아무리 밤을 새워 기획안을 짜고 디자인을 만들어가도, 결국 대표가 자기 마음에 안 들면 다 뒤엎어 버리고 자기 방식대로 지시한다. 이런 경험이 두세 번 반복되면 직원들은 뇌를 닫아버린다. '어차피 대표님이 다 바꿀 텐데 내가 뭐 하러 고민해? 그냥 시키는 대로만 하자.' 직원들은 주도성을 잃고 그저 대표의 지시를 오차 없이 수행하는 수동적인, 영혼 없는 로봇으로 전락해 버린다. 회사의 덩치는 커졌는데 정작 일은 30명이 하는 게 아니라 나 혼자 30명분의 뇌를 굴리고 있었으니, 몸이 박살 나지 않고 배길 재간이 없었던 것이다.

응급실에서 퇴원한 직후, 나는 회사의 체질을 뿌리부터 완전히 뒤엎었다. 가장 먼저 한 일은 내 손에 꽉 쥐고 있던 '통제권'을 놓아버리는 것이었다. 내가 100을 할 줄 안다고 해서 나 혼자 100을 다 하려는 멍청한 짓을 멈췄다. 앞선 장에서 이야기한 '시말서 폐지' 역시 이 연장선상에 있었다. 직원들이 내 눈치를 보거나 실패에 대한 두려움 없이 스스로 주도적인 결정을 내릴 수 있도록 '안전한 판'을 깔아준 것이다.

조직의 문화도 수직적인 '지시'에서 수평적인 '의견 수렴' 구조로 완전히 바꿨다. 회의 시간에 내가 먼저 입을 여는 것을 멈췄다. 문제가 터지면 "이렇게 해결해!"라고 지시하는 대신, "이 문제 어떻게 하면 좋을까? 네 생각은 어때?"라고 묻기 시작했다. 처음에는 눈치만 보며 꿀 먹은 벙어리 같던 직원들도, 시말서가 없어지고 자신의 의견이 실제 현장에 반영되는 경험을 쌓아가자 눈빛이 달라지기 시작했다.

"대표님, 이 공간은 기존 매뉴얼보다 이 자재를 써서 동선을 이렇게 빼는 게 고객 입장에서 훨씬 효율적일 것 같습니다." 직원들이 먼저 나서서 아이디어를 내고, 나를 설득하기 시작했다. 스스로 고민하고 결정한 프로젝트를 맡은 직원들은 더 이상 수동적인 로봇이 아니었다. 그들은 현장에서 '주인공'이 되었다. 주도권을 쥔 직원들은 야근을 하더라도 피곤한 기색 없이 고객에게 진심을 다해 응대했고, 그 진정성은 고객의 압도적인 만족도로 돌아왔다.

나 혼자 모든 것을 짊어지려 했던 완벽주의의 오만함을 버리고 직원들에게 무대를 내어주자, 100억에서 멈춰있던 회사의 성장은 다시 궤도에 오르기 시작했다. 대표의 체력에 따라 흔들리던 '가짜 회사'가, 시스템과 사람의 힘으로 굴러가는 '진짜 회사'로 탈바꿈하는 순간이었다.

지금 당신의 조직, 혹은 당신이 이끄는 팀을 냉정하게 돌아보라. 당신이 며칠 자리를 비운다고 해서 팀이 마비되고 성과가 곤두박질친다면, 당신은 훌륭한 리더가 아니라 그저 조직의 성장을 가로막는 거대한 병목일 뿐이다. 진정한 성장은 내 능력을 맹신하는 데서 오는 것이 아니라, 내 곁에 있는 사람들의 뇌를 깨우고 그들이 자유롭게 의견을 내며 뛰어놀

수 있는 완벽한 판을 깔아주는 데서 완성된다.

넷플릭스 끄고
당장 화장실 청소부터 해라

앞서 나는 나 혼자 모든 것을 통제하려는 오만함을 버리고, 직원들에게 권한을 위임하며 시스템을 구축했다고 했다. 대표가 1부터 100까지 간섭하던 실무의 늪에서 빠져나오면, 자연스럽게 시간적 여유가 생긴다. 비단 경영자뿐만이 아니다. 회사에서 대체 불가한 인력으로 인정받고, 업무 효율을 극대화한 직장인 역시 마찬가지다. 치열한 일과가 끝나고 퇴근한 뒤, 온전한 자기만의 시간이 주어지는 것이다.

그렇다면 이 귀중한 시간에 평범한 사람들은 무엇을 할

까? 열에 아홉은 집에 가자마자 겉옷을 훌렁 벗어 던지고, 소파에 드러누워 넷플릭스를 켜거나 쇼츠나 릴스 스크롤을 내리며 핸드폰만 들여다본다. "오늘 하루 뼈 빠지게 일했으니 이 정도 보상은 받아야지", "스트레스를 풀어야 내일 또 일하지"라며 스스로에게 달콤한 면죄부를 준다.

종종 강연이나 컨설팅을 하다 보면 직장인들에게 종종 이런 질문을 받는다. "대표님, 퇴근 후 주어지는 2시간을 활용해 이 험난한 시대에 살아남을 '나만의 무기'를 만들고 싶습니다. 대표님이 저라면 매일 저녁 어떤 훈련을 파고드시겠습니까?"

질문자들은 십중팔구 내 입에서 최신 트렌드에 맞는 코딩 학습법, 영어 회화 마스터, 혹은 스마트스토어 부업 노하우 같은 거창하고 실용적인 스킬이 나오기를 기대한다. 하지만 내 대답은 언제나 그들의 얄팍한 기대를 처참히 짓밟는다.

"거창한 기술 배울 생각 말고, 당장 넷플릭스 끄고 방이랑 화장실 청소부터 하십시오."

만약 내게 퇴근 후 온전한 나만의 시간이 주어진다면, 나는 그 시간을 철저하게 5개의 조각으로 쪼개서 쓸 것이다. 오해하지 마라. 이 5가지 루틴이 무슨 세상을 뒤집을 엄청난 비밀 무기여서가 아니다. 내 몸뚱이 하나, 내 방구석 하나 통제하지 못하면서 도대체 무슨 수로 인생을 바꾸고 거대한 부를 쥐겠다는 것인가? 거창한 미래를 꿈꾸기 전에 당장 게을러터진 마인드셋부터 뜯어고치려면, 최소한 이 5가지 기본기라도 악착같이 매일 해내야 한다는 뜻이다. 이것조차 실천하지 못하는 의지력이라면, 당신의 인생은 영원히 지금 그 자리에 머물 것이다.

첫 번째, 30분은 무조건 '운동'에 투자한다. 가장 진부해 보이지만 가장 압도적으로 중요한 무기다. 앞서 내가 길바닥에 쓰러졌던 이야기를 기억하는가? 아무리 뛰어난 두뇌와 미친 실행력을 가졌어도 육신이 무너지면 모든 것이 끝난다. 우리는 1, 2년 반짝 돈을 벌고 말 것이 아니다. 30년, 40년이라는 아득하게 긴 마라톤을 뛰어야 한다. 멀리 보려면, 그리고 더 거대한 무게를 견디려면 그 하중을 버텨낼 물리적인 체력과 건강이 최우선이다.

두 번째, 20분은 '피부 관리'에 쓴다. 남자가 무슨 퇴근하고 피부 관리냐며 코웃음 치는 사람도 있을 것이다. 하지만 인간은 철저하게 관리를 해야 한다. 매끄러운 피부, 단정한 머리, 깔끔한 인상은 단순한 외모 지상주의가 아니다. 그것은 단순한 이성을 넘어, 타인에게 보여지는 나에 대한 브랜딩이자, 스스로를 통제하고 있다는 자기 관리의 증명이다. 성공한 부자들을 보라. 그들은 절대 자기 몸과 피부를 방치하지 않는다.

세 번째, 30분은 '독서'다. 육신을 단련했다면 이제 정신을 단련할 차례다. 좋은 사람들을 만나 대화를 나누는 것도 중요하지만, 타인의 생각에 휘둘리지 않고 나만의 단단한 가치관을 정립하려면 반드시 활자를 읽어야 한다. 책을 통해 뇌에 끊임없이 양질의 인풋을 밀어 넣어야만 날카로운 아웃풋이 튀어나온다.

네 번째, 10분은 '명상'이다. 하루 종일 사람들에게 시달리고 엉켜있던 생각의 회로를 차분하게 가라앉히는 시간이다.

그리고 마지막 30분, 나는 이 시간을 기꺼이 '집안 정리 정돈과 청소'에 쓴다. 내가 유튜브 대신 화장실 청소부터 하라고 강조하는 이유가 바로 여기에 있다. 사람들은 환경의 힘을 너무 우습게 안다. 내가 머무는 공간의 상태가 곧 내가 세상에 내놓는 결과물의 질을 결정한다.

회사에서 대표에게 예의 없게 굴고 매사 삐딱하게 반응하는 직원이, 밖에서 고객을 만나면 갑자기 깍듯하고 친절한 사람으로 돌변할 수 있을까? 절대 불가능하다. 안에서 새는 바가지가 밖에서도 새듯, 내 개인 공간에서 하는 행동과 태도가 밖에서도 무의식중에 그대로 튀어나오기 마련이다. 방구석에 허물 벗듯 옷이 널브러져 있고, 먹다 남은 배달 음식이 부패해가는 더러운 환경에서 정교하고 날카로운 직관이 탄생할 리 만무하다.

그러니 당장 내 옆의 환경부터 엄격하게 관리해라. 화장실 물때를 지우고, 방바닥의 머리카락을 치우고, 내일 입고 나갈 옷이 구겨지지 않았는지 확인하고 깨끗하게 다려 놓아라. 내 삶의 가장 사적인 공간을 통제할 수 있어야 세상이라는 거대한 판도 통제할 수 있다.

내가 제안하는 이 시간의 루틴(운동, 자기 관리, 독서, 명상, 청소)이 너무 평범해 보인다고 실망했는가? 이 사소해 보이는 루틴이 가지는 진짜 파괴력은 바로 '작은 성공 경험'의 누적에 있다.

인간이 더 큰 성공을 쟁취할 수 있느냐 없느냐는, 뇌 안에 '챌린지에 성공해 본 경험'이 얼마나 많이 각인되어 있느냐에 달렸다. 학창 시절에 공부를 잘했던 애들이 사회에 나와서도 일머리가 좋고 성공할 확률이 높은 이유가 무엇일까?

그들은 단순히 지식이 많은 게 아니라, 목표를 세우고 엉덩이를 붙이고 앉아 끝내 성취해 낸 '작은 성공의 맛'을 이미 알기 때문이다.

만약 당신의 과거에 그런 짜릿한 성취의 경험이 부족하다면, 지금 당장 일상 속에서 억지로라도 그 성공 경험을 만들어야 한다. "나는 오늘 무조건 30분 땀 흘려 운동했어", "나는 오늘 퇴근하고 책을 10페이지 읽었어", "나는 오늘 더러운 화장실을 청소했어." 이 보잘것없어 보이는 작은 성취들이 매일 쌓이고 학습되면, 당신의 뇌는 스스로를 '꾸준히 성공하는 사람'으로 인식하기 시작한다.

인간이 어떤 행동을 습관으로 만들기 위해 저항감을 없애는 데는 고작 3주밖에 걸리지 않는다고 한다. 3주만 꾹 참고 이 루틴을 돌리면, 어느새 거창한 목표를 이루는 것조차 두렵지 않은 단단한 마인드가 자리를 잡는다. 이렇게 하루 2시간을 통제하며 계획적으로 살다 보면, 어느 순간 내 인생 자체가 완전히 달라져 있음을 느낄 것이다. 당신도 모르는 사이에 인생의 효율과 눈빛이 압도적으로 바뀌어 있는 것이다.

그러니 불안해하며 허상을 쫓지 마라. 거대한 성공은 어느 날 뚝 떨어지는 기적이 아니라, 매일 밤 넷플릭스의 유혹을

이겨내고 자신의 환경부터 만들어간 사람들이 챙겨가는 아
주 정직한 전리품이다.

월급 받은 만큼만 일하겠다는
당신이 평생 가난한 이유

"딱 월급 받은 만큼만 일하겠습니다." 요즘 직장인들 사이에서 이 문장은 마치 자신의 정당한 권리를 지키는 세련된 처세술이자, 똑똑한 노동자의 상징처럼 떠받들어지고 있다. 하지만 빽도, 자본도, 특별한 기술도 없는 평범한 사람이 이 자본주의 판에서 살아남아 '내 이름의 영향력'을 키우고 싶다면, 당장 쓰레기통에 처박아야 할 태도가 바로 이것이다.

이것은 전형적인 테이커들의 마인드다. 내 밥그릇만 철저하게 챙기며, 누워서 입 벌리고 하늘에서 감이 떨어지길 기다리는 게으른 태도다. 성공을 원한다면 뼈를 깎는 성실함이 기본 바탕이 되어야 한다. 그런데 여기서 말하는 성실함은 단순히 아침 9시에 출근해 저녁 6시까지 책상 앞을 지키는 육체적 근면함만을 뜻하지 않는다. 몸만 오랫동안 수고하며 맨날 똑같은 일을 기계처럼 반복했는데 아무런 성과가 안 나온다? 그건 부지런한 게 아니라 그냥 멍청한 것이다. 육신과 함께 '머리'와 '생각'도 미친 듯이 성실하게 움직여야 한다. 생각이 멈춰있으면 10년을 일해도 1년 차와 똑같은 결과물만 찍어낼 뿐이다. 그리곤 그걸 노련함이라고 생각한다. 진짜 일머리가 있는 사람은 어제보다 오늘은 1분이라도 시간을 단축할 방법을 찾고, 1%라도 더 나은 퀄리티를 낼 궁리를 치열하게 하는 사람이다.

예전에 내가 모시던 직장 사수 중에 정말 똑똑한 사람이 한 명 있었다. 그는 상공간 인테리어를 할 때 실외기 위치는 어디로 빼야 하는지, 덕트(환기 배관) 공사의 메커니즘은 무엇인지, 까다로운 상가 관리사무소 규정은 어떻게 돌파해야 하는지 완벽하게 꿰뚫고 있었다. 마감에 대한 이해도와 디테일도 훌륭했고 지식만 놓고 보면 업계 에이스였다. 그런데 그 사수에게는 치명적인 병이 하나 있었다. 바로 '적당히' 병이었다. 스스로 자신의 한계를 '딱 받은 월급만큼'으로 가두어 버린 것이다.

퇴근 시간이 다가오면 그는 하던 일을 대충 덮으며 내게 말했다. "야, 빨리 집에 가자. 지금 하나 내일 하나, 어차피 우리 통장에 꽂히는 월급은 똑같은데 뭐 하러 뼈 빠지게 일하냐? 적당히 해, 적당히."

듣기엔 참으로 합리적이고 똑똑한 계산법 같다. 하지만 그 얄팍한 계산이 그의 인생을 완벽하게 망쳤다. 나는 그 똑똑했던 사수를 불과 6개월 만에 앞질러 버렸다. 나는 퇴근 시간을 넘겨가며 일의 절댓값을 미친 듯이 높였고, 매일 밤 2~3시간씩 현장에 남아 어떻게 하면 더 완벽한 퀄리티를 낼 수 있을지 고민했다. 월급은 회사가 정해주는 것이지만, 내 몸값은 내가 현장에서 치열하게 부딪히며 나 스스로 만들어 내는 것이기 때문이다. 당연히 내 몸값과 평판은 폭발적으로 뛰었다.

반면, 똑같은 일을 하면서 '월급 받은 만큼만' 적당히 일하려던 그 사수는 지금도 그때와 똑같은 수준의 몸값을 받으며, 이 회사 저 회사에서 찬밥 신세를 면치 못하고 있다. 실력은 뛰어났지만 태도가 게으르고 성품이 받쳐주지 못했기 때문이다. 월급이라는 틀에 자신의 한계를 스스로 가두어 버린 것이다.

세상의 모든 거대한 부와 기회는 결국 '사람'이 물어다 준다. 그리고 사람들은 본능적으로 내게 이익을 주는 사람에게 끌리고, 내 것을 빼앗고 계산기만 두드리는 사람을 귀신같이 알아채고 멀리한다. 내 이익만 바라고, 월급만 쳐다보고, 내 권리만 주장하는 테이커 곁에는 절대 좋은 기회가 머물지 않는다. 누가 자기 잇속만 챙기려는 얄팍한 사람에게 수천만 원, 수억 원짜리 기회를 기꺼이 던져주겠는가?

내가 무언가를 얻고 폭발적으로 성장하려면, 반드시 먼저 누군가에게 이익을 안겨주고 문제를 해결해 주는 사람이 되어야 한다. 이것이 비즈니스 생태계의 절대 변하지 않는 선순환 법칙이다.

그런데 여기까지 말하면 꼭 이렇게 반문하는 사람들이 있다. "기버가 되라니요. 저는 빽도 없고 돈도 없는 말단 직장인인데, 뛰어난 상사나 돈 많은 분들에게 기꺼이 내어줄 '가치'가 대체 어딨습니까? 제가 뭐 커피라도 매일 사다 바쳐야 합니까?"

완벽한 착각이다. 당신이 가진 물질이나 돈을 주라는 단순한 뜻이 아니다. 억지로 잘 보이려고 시도 때도 없이 전화를 걸거나 빵을 사다 바치는 건 가치가 아니라 오히려 민폐이자 실례다. 본질적인 가치를 주지 못하면서 겉치레로 친한 척만 하는 것은 수준 낮은 하수들이나 하는 짓이다. 내가 말하는 가치란, 돈으로 환산할 수 없는 태도와 진정성을 의미한다. 돈이 아무리 많은 회장님이나 뛰어난 상사에게도 반드시 긁지 못한 가려운 곳, 즉 결핍과 불편함이 존재한다. (뒤이어 2장에서 자세히 풀겠지만, 영림 회장님 역시 완벽한 자본과 본질은 있었으나 '마케팅'에 대한 갈증이 있으셨고, 나는 그 결핍을 진심을 다해 채워드렸다.) 그들의 불편함을 예민하게 캐치하고 내 일처럼 진심으로 해결해 주려는 그 묵직한 태도가, 바로 쥐뿔도 없는 사람이 내어줄 수 있는 가장 강력한 무기다. 돈이 아니라 마음이 넘어가야 진짜 게임이 시작된다.

이러한 기버의 마인드는 나의 본질, 즉 레퍼런스이자 자신의 포트폴리오를 비약적으로 키우는 과정과도 정확히 일치한다. 2~3천만 원짜리 공사만 전전하던 사람이 어떻게 어느 날 갑자기 5천만 원, 1억, 2억, 5억, 10억짜리 상품으로 넘어갈 수 있을까? 가만히 앉아있는다고 누군가 갑자기 5억짜리 계약을 던져주지 않는다.

우리 회사의 '두 번째 퀀텀 점프'이자, 대한민국 인테리어 시장에 첫 충격을 던졌던 당시의 썰을 하나 풀겠다. 당시 유튜브에서 '인테리어SHOW'라는 채널을 운영하며 혜성처럼 등장한 형님이 있었다. 어느 날 그 형님이 내게 먼저 만나자고 연락이 왔다. 그가 대뜸 내게 물었다. "너, 돈 벌어서 뭐 하냐? 그 정도 벌어서 뭐 할 건데?" 곰곰이 생각해 보니 나는 명품이나 슈퍼카에 빠진 사람도 아니고 그저 돈만 모으고 있었다. "별거 없습니다"라고 답하자, 그가 내 심장을 뛰게 하는 한 마디를 던졌다. "그럼 나랑 같이, 세상을 한 번 바꾸는 일 해보지 않을래?"

그 형님은 무몰딩, 무문선, 히든도어 등 공간을 정갈하고 미니멀하게 빼는 혁신적인 디자인을 유튜브로 이야기하고, 나는 기꺼이 그 미친 철학을 현장에서 직접 짓고 증명하는 '실행의 행동대장'이 되기로 결심했다. 문제는 '돈'이었다. 고객이 들고 온 예산은 6천만 원인데, 이런 혁신적인 디자인을 현장에 완벽하게 구현하려면 최소 8~9천만 원이 필요했다. 이전에 이런 공간을 만들어본 레퍼런스가 없으니 고객에게 3천만 원을 더 내라고 설득할 수도 없었다.

그래서 나는 6천만 원짜리 공사를 맡았을 때, 내 주머니를

털고 내 이윤을 깎아서라도 기꺼이 1억 원어치의 퀄리티를 만들어 고객에게 선물했다. 고객의 예산 6천만 원에, 내 피 같은 생돈 3~4천만 원을 매번 기꺼이 더 태워가며 레퍼런스를 미친 듯이 쌓아 올린 것이다.

"고객님, 이 부분은 제가 제 돈과 시간을 더 써서라도 마감을 훨씬 고급스럽게 뽑아드리겠습니다. 그래야 이 공간이 완벽하게 삽니다." 자신의 이익을 줄여가며 나의 공간을 압도적으로 좋게 만들어 주겠다는데, 세상에 그걸 마다할 고객이 어디 있겠는가? 당장 내 통장에 남는 마진은 줄어들지 몰라도, 그 진정성 있는 태도가 고스란히 쌓여 내 이름 석 자의 위대한 레퍼런스가 된다.

내가 수천만 원의 손해를 감수하면서까지 이 짓을 벌인 이유는 두 가지였다. 첫째는 '자존심'이었다. 유튜브 댓글에 "맨날 똑같은 디자인이다", "별로다"라는 악플이 달리면 미치도록 스트레스를 받았다. 그런데 내 돈을 태워 만든 압도적인 혁신 공간 영상을 올리자 찬양 댓글이 남기 시작했고, 우리 팀원들은 그 자부심 하나로 똘똘 뭉쳐 미친 듯이 팔로우업을 해냈다. 둘째는 남다른 '영웅 심리(인정 욕구)'였다. 내가 대한민국의 인테리어 판을 완전히 뒤집고 세상을 바꾸는 선구자가 된다는 사명감, 그 가슴 웅장해지는 맛을 잊을 수 없었다.

결과는 어땠을까? 이 미련한 투자로 만들어낸 압도적인 레퍼런스가 시장에 쌓이자, "아울디자인은 이런 하이엔드 공간을 뽑아낼 수 있는 진짜배기구나"라는 굳건한 신뢰가 생겼다. 5~6천만 원에 머물던 평균 견적 단가가 높으면 1억~1억 5천만 원으로도 책정될 수 있게 점프했다. 여기서 디벨롭이 더 이루어지자, 예산이 넘쳐나는 상위 자산가들이 설계부터 모든 것을 알아서 맡기기 시작하며 5억, 10억 단위의 거대한 계약들이 쏟아져 들어왔다. 성품이 좋은 사람, 진정성 있는 사람이 결국 크게 성공하는 이유가 바로 이것이다. 그 압도적인 결과물을 두 눈으로 확인한 고객들은, 훗날 반드시 더 큰 자본을 가진 VVIP 고객을 내게 물어다 준다. 내가 먼저 내어주었기에, 더 거대한 파이가 되어 나에게 돌아오는 것이다. 나는 이것을 '비즈니스의 복리'라고 부른다. 진심을 다해 투자한 레퍼런스는 결코 나를 배신하지 않는다.

비즈니스 판에서 어느 정도의 궤도, 즉 연매출 수십억 수준까지는 성실함과 기술만 있으면 누구나 비슷하게 멱살 잡고 올라갈 수 있다. 하지만 그 이상의 세계, 수백억을 움직이는 하이엔드 시장은 완전히 다른 게임이다. 거기서부터는 철저한 '디테일' 싸움이며, 여기서 모든 승패와 차별화가 일어난다.

그리고 그 폭발적인 디테일은 내가 만드는 상품에 대한 지독한 애정, 고객을 대하는 진정성, 그리고 계산기 두드리지 않고 기꺼이 먼저 내어주는 기버의 태도에서만 탄생한다. 직원이 진심을 다해 만든 것인지, 아니면 퇴근 시간만 쳐다보며 영혼 없이 "이 정도면 됐지" 하고 마감한 것인지 고객은 귀신같이 알아챈다. 대표인 내가 내 상품에 미친 애정을 쏟고 진정성 있게 다가가야만, 그 가치가 세상에 던져졌을 때 비로소 타인을 굴복시키는 강력한 설득력이 생기는 것이다. "월급 받은 만큼만 일하겠다"며 시계를 쳐다보는 당신의 그 얄팍한 태도가, 결국 당신의 디테일을 죽이고 평생을 가난한 테이커의 늪에 가둬두고 있는 것이다.

상위 0.1%의 생태계:

날카로운 직관은 '관계'에서 자란다

수천억 부자들의 밀실:
그들은 정보가 아니라
'아비투스'를 거래한다

앞선 1장에서는 빽도 자본도 없는 평범한 사람이 어떻게 바닥부터 구르며 대체 불가능한 본질을 만들어내는지 이야기했다. 당신이 만약 내 조언대로 피땀을 흘려가며 지독한 성실함과 압도적인 시스템을 구축했다면, 어느 순간 당신의 비즈니스는 당신이 세워 뒀던 한계라는 거대한 장벽을 뚫고 점프를 하게 될 것이다.

그런데 그 이상의 세계, 즉 상위 0.1%의 자본이 움직이는 하이엔드 생태계로 진입하면 게임의 룰이 완전히 뒤바뀐다. 밑바닥에서는 내가 얼마나 일을 꼼꼼하게 잘하느냐, 하는 본질로 승부가 났다면, 꼭대기에서는 '내가 누구와 연결되어 있는가'라는 관계가 모든 판을 결정짓는다.

보통 사람들은 재벌이나 수천억 대 자산가들이 모이는 장면을 상상할 때, 영화 속 한 장면처럼 그들끼리 불법적인 주식 찌라시나 부동산 개발 내부 정보를 몰래 주고받을 것이라 넘겨짚는다. 하지만 내가 직접 그 세계에 발을 들이고 목격한 상위 0.1%의 이너서클은 대중의 상상보다도 훨씬 더 정교하고 무서운 곳이었다.

이제 사업이 자리를 잡고, 회사가 궤도에 올랐을 때, 나는 이른바 '상위 0.1%'라 불리는 하이엔드 네트워크에 하나둘 발을 들이기 시작했다. 대표적인 곳이 바로 서울대학교에서 주관하는 '건설산업 최고전략과정(ACPMP)' 같은 곳이었다. 이곳은 돈만 낸다고 아무나 들어갈 수 있는 곳이 아니다. 기본적으로 회사 매출이 100억 이상은 되어야 명함이라도 내밀 수 있고, 1,000억 단위를 훌쩍 넘기는 기업의 임원들도 수두룩하다. 내 기수 동기 약 80명의 면면을 살펴보면 입이 떡 벌어졌다. 이름만 대면 아는 대기업 임원들, 국가부처의 고위 공직자, 대형 로펌의 대표 변호사, 국회의원, 그리고 재벌들까지.

그 80명이 모인 강의실에 앉아 주변을 둘러보던 날, 나는 등줄기에 소름이 돋으며 뼈저린 직관을 얻었다. '아, 이 집단에 속한 사람들만 제대로 알아도, 대한민국에서 안 되는 일이 없겠구나.'

실제로 그랬다. 상위 0.1%의 네트워크 안에서는 일반인들이 상상조차 할 수 없는 속도로 수많은 병목과 문제들이 해결된다. 한 번은 우리 회사가 다음 스텝으로 도약하기 위해 반드시 풀어야 하는 중대한 비즈니스적 빗장이 하나 있었다. 절차가 워낙 까다롭고 복잡하여, 우리 회사 실무진이 백방으로 뛰어다니며 몇 주를 매달려도 도무지 해결될 기미가 보이지 않았다.

얼마 뒤, 상위 0.1% 이너서클 멤버들과 프라이빗한 골프 라운딩을 나갔을 때였다. 공을 치고 걸으며 "아, 요즘 회사에 이런 중요한 사안이 하나 걸려 있는데, 진행이 꽉 막혀서 골치가 다 아픕니다"라고 지나가듯 가볍게 고충을 털어놓았다. 그런데 그 자리에 있던 한 멤버가 고개를 끄덕이더니 슬며시 누군가에게 전화를 한 통 걸었다. 놀랍게도 그는 그 꽉 막힌 빗장을 풀 수 있는 핵심 관계자와 직접 선이 닿아있는 사람이었다. 우리가 아무리 용을 써도 뚫리지 않던 거대한

벽이, 그 골프장 안에서 전화 한 통에 마법처럼 풀려버렸다.

이 거대한 네트워크는 단순히 개인의 사업 문제를 해결하는 데만 쓰이는 것이 아니다. 세상을 바꿀 기회마저 창출한다. 최근에는 모임을 통해 연이 닿은 정부 핵심 부처의 국장님으로부터 연락을 받았다. 세종시에 내려와서 공무원들 앞에서 강연을 해달라는 요청이었다.

나는 다가오는 그 귀중한 자리에서 본래 맡은 강연을 충실히 해내는 것에 더해, 내가 속한 인테리어 산업군 전반의 구조에 관해서도 이야기할 기회를 얻었다. 인테리어 회사 대표가 정부 핵심 관료들과 마주 앉아 산업에 대해 브리핑하고, 이것이 훗날 법과 정책을 만드는 거대한 흐름으로 이어질 수 있는 가능성이라는 것 자체가 얼마나 엄청난 일인가. 이 역시 '압도적인 관계망'이 든든한 쿠션 역할을 해주었기에 단숨에 만들어질 수 있었던 기회다.

그렇다면 대한민국에 이런 일종의 밀실 교류가 일어나는 집단이 과연 한두 개뿐일까? 천만의 말씀이다. 나는 이후에도 여러 최상위 네트워크와 모임을 거치며 그들만의 거대한 생태계를 직접 경험했다. 그리고 그 수많은 모임을 관통하는 단 하나의 소름 돋는 공통점을 발견했다.

이 수백, 수천억 대 자산가들은 도대체 어떻게 교류하며 서로의 마음을 얻을까? 이 대목에서 당신의 편견을 완전히 깨부수어주겠다. 그들은 절대 얄팍한 정보나 계산서만을 주고받지 않는다. 그들은 그 사람의 태도와 품격, 즉 '아비투스 (Habitus, 계층 특유의 문화적 취향과 행동 양식)'를 철저하게 교환한다.

일반인들은 눈앞의 돈을 좇지만, 이들은 철저하게 '관계'를 구축해 돈으로 환산할 수 없는 거대한 가치를 끌어낸다. 예를 들어, 강연료나 축가 비용으로 1,000만 원, 3,000만 원처럼 수천만 원을 받는 거물급 인사를 섭외할 때, 평소 마음을 사둔 관계라면 어떻게 될까? 수천만 원을 주는 대신, 한 번에 50만 원 정도가 드는 최고급 의전 차량을 융숭하게 보내 깍듯하게 예우한다. 돈이 아니라 묵직한 대접을 먼저 보여서 마음을 움직이는 것이다. 이렇게 관계가 묶이면 1,000만 원짜리 섭외 비용이 3분의 1로 줄어들거나 아예 무상으로 성사되기도 한다. 그들은 눈앞의 밥값 50만 원, 100만 원을 결코 아까워하지 않는다. 그 돈으로 수천만 원, 수억 원의 가치를 지닌 '관계'를 산다는 것을 본능적으로 아는 것이다.

나 역시 상위 0.1%의 생태계에 머물며 이 '기버의 아비투스'가 자연스럽게 스며들게 되었다. 최근 재벌 회장님과 국회의원 등 최상위 자산가들이 모이는 '행우모(행복한 우리들의 모임)'라는 그림 수집 네트워킹에 참여했을 때의 일이다. 그림을 사랑하는 사람들은 공간이 주는 임팩트를 알기에 우리 인테리어 사업과도 밀접하게 닿아 있는 모임이었다. 첫 모임에서 한 회원이 환갑을 맞이해 전 참석자에게 수십만 원짜리 코스 요리를 대접하셨다. 회비가 따로 있는 모임이었지만 기꺼이 본인 지갑을 여신 것이다.

그 모습을 보며 나도 모르게 다음 모임의 주최를 자처했다. 청담동 '울프강 스테이크 하우스'를 통째로 예약해 밥값으로 600만 원을 긁어버렸다. 내가 그들에게 잘 보이려고 철저하게 득실을 계산해서 억지로 카드를 긁은 것이 아니다. 나를 돋보이게 하려고 600만 원짜리 명품 패딩을 사 입는 것보다, 좋은 사람들에게 잊지 못할 훌륭한 식사와 퍼포먼스를 진심으로 대접하는 것이 내 삶에 훨씬 더 가치 있고 남는 일이라는 그들의 철학이 내게도 자연스럽게 적용된 것이다. 놀랍게도 그렇게 진심을 다해 마음을 열자, 모임이 끝난 후 모임 인원들이 먼저 내게 연락을 주며 말도 안 되는 값어치의 더 깊은 인연으로 이어졌다.

이렇듯 밥 한 끼를 넘어 진심 어린 마음 하나로 맺어진 관계는 그들의 가장 프라이빗한 밀실, 즉 네트워크로 나를 이끌어준다. 한 번은 각자의 자산을 합치면 수조 원이 넘는 자산가들과 '해슬리 나인브릿지'로 라운딩을 나갔다. 그곳은 돈이 아무리 많아도 기존 회원의 추천이 없으면 들어갈 수 없는, 회원권만 십수억 원이 넘고 매년 유지비로 2,500만 원씩 내야 하는 초호화 구장이다. 일반인은 평생 가도 밟아볼 수조차 어려운 곳이다.

나는 그곳에서 그들과 6시간 동안 함께 잔디를 밟았다. 이것은 마치 수십억을 내고 '워런 버핏과 점심 식사'를 하는 것과도 같다. 6시간 동안 그들이 골프를 치며 캐디를 대하는 태도, 긴장되는 상황에서 감정을 통제하는 철학, 점잖음, 옷 입는 문화 등 상위 0.1%의 모든 '아비투스'를 내 온몸으로 스펀지처럼 간접 체험하고 배우는 것이다. 한 번 라운딩에 수백만 원의 비용이 든다 해도, 수십억짜리 구장의 경험과 거인들의 철학을 샀으니 이 얼마나 압도적으로 싼 값인가.

어느 하이엔드 모임에서 겪은 가장 충격적인 일화를 하나 소개하겠다. 건물을 새로 지어볼까 고민하며 땅을 알아보고 있을 때였다. 모임에서 친해진 설계사(건축사) 누나에게 지나가는 말로 "누나, 저기 마포구 쪽에 이런 지번을 가진 땅이 하나 나왔던데 어떨까요?"라고 툭 던졌다. 정식으로 컨설팅을 의뢰한 것도, 계약서를 쓴 것도 아니었다.

그런데 바로 다음 날, 그 누나가 내게 무려 A4 용지 20장짜리 두꺼운 리포트를 내밀었다. 단 하루 만에 그 땅의 입지 분석, 건축 면적, 용적률, 건폐율, 과거 유사 지역의 건축 사례를 모조리 조사한 것은 물론이고, "네가 이 땅을 사서 이만큼 투자했을 때, 나중에 엑시트(Exit)할 수 있는 비용과 투자 대비 수익률(ROI)은 이 정도다"라는 완벽한 수지분석 데이터를 뽑아온 것이다.

나는 망치로 머리를 얻어맞은 듯한 충격을 받았다. 그녀는 내게 단 1원의 컨설팅 비용도 요구하지 않았다. "내가 이만큼 해줬으니, 나중에 건물 지을 때 설계는 무조건 나한테 줘"라는 흥정도 없었다. 그저 순수한 기버로서 자신이 가진 최고의 전문성을 나에게 아낌없이 쏟아부어 준 것이다.

그 순간 게임은 끝났다. 그 누나가 나라는 사람의 '마음'을 완벽하게 사버린 것이다. 내가 나중에 진짜로 수백억을 들여 사옥을 올리거나 건물을 지을 때, 다른 설계사를 찾아갈 확률이 단 1%라도 있을까? 절대 없다. 사람의 마음을 얻으면 그는 이렇게 평생 고객이 된다. 그들은 눈앞의 푼돈을 벌기 위해 정보와 스킬을 거래하지 않는다. 압도적인 전문성을 대가 없이 내어주며 상대방의 심장을 통째로 가져오는 것, 이것이 상위 0.1%가 비즈니스를 영위하는 진짜 '아비투스'다.

명심하라. 일반인들이 모이는 흔한 네트워킹 파티에 가서 영혼 없이 명함이나 뿌리고 인스타 맞팔이나 한다고 인맥이 생기지 않는다. 내 뼛속까지 압도적인 본질이 채워져 있지 않다면, 그리고 계산기 두드리지 않고 기꺼이 내 것을 먼저 내어주는 기버의 아비투스가 장착되어 있지 않다면, 당신이 수천억 부자들의 밀실에 우연히 초대받는다 한들 그들은 당신을 5분 만에 '호구'나 '투명인간' 취급하며 내쫓을 것이다.

당신이 상위 0.1%의 리그에 들어가고 싶다면 딱 하나만 기억하라. 얄팍한 꼼수나 지름길을 찾으려 하지 마라. 그저 당신이 가진 무기를 극강으로 벼려내고, 그 무기를 타인을 위해 기꺼이, 그리고 완벽하게 휘둘러라. 당신의 그 묵직한 태도가 당신을 상상도 못 할 거대한 판으로 데려다 놓을 것이다.

명함 뿌리는 가짜 네트워킹
vs 직관을 키우는 찐 인맥

사람들은 흔히 '네트워킹'이라고 하면, 수십수백 명이 모인 넓은 강당이나 파티에 가서 영혼 없이 명함을 뿌리고 인사를 나누며 인스타그램 맞팔을 하는 모습을 떠올린다. 단언컨대, 아무런 본질이 없는 불특정 다수의 집단에서 아무나 만나며 웃고 떠드는 것은 당신의 인생에 단 1%의 도움도 되지 않는 시간 낭비이자 '가짜 네트워킹'이다.

진짜 네트워킹은 오직 '본질을 갖춘 사람들'끼리 소수의 그룹으로 만날 때만 그 파괴력이 발생한다. 그렇다면 빽도 자본도 없는 평범한 사람이, 나보다 레벨이 높은 상위 0.1% 의 진짜 인맥을 뚫고 그들의 바운더리에 들어가려면 당장 어디에 투자를 해야 할까?

나는 가장 현실적인 무기로 '골프'를 강력하게 추천한다. 비즈니스 판에서 나보다 훨씬 높은 궤도에 있는 회장님이나 수백억 대 자산가에게 다가가 "회장님, 식사 한 번 하시죠"라고 제안하는 것은 하늘의 별 따기다. 그들의 시간은 곧 수백만 원, 수천만 원의 가치이기 때문이다.

그런데 참 희한하게도, 식사 약속은 거절하는 분들이 "골프 한 번 치시죠"라는 제안에는 훨씬 더 쉽게 응한다. 특히 당신이 골프를 어느 정도 칠 줄 알고 매너가 훌륭하다는 평판이 돌면, 본질을 갖춘 상위 레벨의 사람들이 역으로 당신을 그들의 프라이빗한 골프 모임에 초청하기 시작한다. 나 역시 사업 초기, 이러한 부분들을 알고 필요에 의해서 골프를 시작했다. 어떻게든 그들의 리그에 끼어들기 위한 '입장권'을 따내기 위함이었다.

물론 돈으로 그 생태계에 진입하는 방법도 있다. GBF(Global Business Forum)처럼 CEO들을 모아놓고 강의를 듣게 하며 골프와 네트워킹을 시켜주는 4개월짜리 최고위 과정들도 존재한다. 이런 모임은 참가비만 수천만 원을 훌쩍 넘긴다. "그 비싼 돈을 내고 갈 필요가 있습니까?"라고 묻는다면, 내 대답은 반반이다. 돈만 낸다고 저절로 진짜 네트워크가 생기는 것은 아니기 때문이다. 그 비싼 모임 안에서도 결국 내가 기버로서 상대의 결핍을 채워주며 행동해야만 비로소 좋은 자리와 기회로 불려 나갈 수 있다. 그런 찐 기회가 당신 눈앞에 떨어졌을 때, 절대 놓치지 않고 꽉 물어버리는 것. 그것이 인맥을 자본으로 활용하는 진짜 기술이다.

그렇다면 우리는 왜 이토록 기를 쓰고 나보다 한두 단계, 혹은 그 이상 위에 있는 사람들을 만나 관계를 맺어야 할까? 그들에게서 당장 10억, 20억짜리 계약을 따내기 위해서? 아니다. 상위 0.1%의 관계망에 진입하는 궁극적인 목적은, 내 비즈니스를 퀀텀 점프시켜 줄 동물적인 감각을 키우기 위함이다.

얼마 전, 자산만 1조 원이 넘는 형님과 깊은 대화를 나눈 적이 있다. 나는 사업을 할 때 감보다는 명확한 숫자와 로드맵을 좇아서 가는 것이 정답이라고 믿고 있었다. 그런데 그 1조 형님이 내게 뼈 때리는 조언을 던졌다. "박 대표, 비즈니스의 진짜 거대한 성장은 지나간 과거의 데이터만 가지고는 절대 못 해. 결국 성장의 퀀텀 점프는 감으로 하는 거야.”

그 순간 망치로 머리를 한 대 얻어맞은 기분이었다. 그렇다면 그 미친 ‘감’은 도대체 어디서 나오는가? 책상머리에 앉아 엑셀표나 데이터만 들여다본다고 생길까? 절대 아니다. 동물적인 비즈니스 감각은 오직 나보다 위에 있는 사람들을 계속 만나 그들의 깊은 인사이트를 훔쳐 듣고, 그들의 문화를 경험하며 내 생각을 끝없이 확장시키는 ‘관계’ 속에서만 벼려진다.

비즈니스의 성장은 [본질 -) 관계 -) 데이터 -) 본질 -) 관계 -) 직관 -) 본질…]의 무한 루프로 돌아간다. 처음엔 내 개인의 실력을 키워 작은 관계들을 맺는다. 그 관계 속에서 다시 본질을 날카롭게 깎아내고, 더 거대한 관계 속으로 걸어 들어간다. 이 수많은 관계망 속에서 얻어터지고 배우며 축적된 경험의 데이터들이 내 뇌 속에 쌓이면, 어느 순간 그것이 남들은 절대 흉내 낼 수 없는 예리한 ‘직관(감)’으로 폭발하는 것이다.

물론 이 감을 실행으로 옮길 때, 반드시 거쳐야 하는 가장 중요한 마지막 안전장치가 하나 있다. 바로 ‘리스크 관리’다. 나는 어떤 선택을 내릴 때 ‘내가 이것을 했을 때 과연 무엇을 손해 보는가?'를 가장 먼저 차갑게 계산한다.

그러니, 지금 당신의 휴대폰 연락처를 한번 열어보라. 영혼 없이 주고받은 가짜 인맥 수천 명의 번호보다, 당신의 부족한 통찰을 깨부수어 주고 동물적인 비즈니스 직관을 채워줄 '나보다 2스텝 위에 있는 사람' 단 2~3명이 당신의 인생을 완전히 뒤바꿔 놓을 것이다. 인스타 맞팔에 목숨 걸 시간에 골프채를 잡든, 아니면 무급으로 그들의 화장실을 청소하든, 어떻게든 기어코 그 관계 속으로 들어가라. 당신의 그 날카로운 직관은 오직 그들의 곁에서만 자라나기 때문이다.

호구와 기버는 한 끗 차이:
내 몫의 70%를 주고 30%를 돌려받는 <3:7 게임>

앞선 글을 읽으며 당신은 속으로 이런 의문을 품었을지도 모른다. "아니, 내 전문성을 대가 없이 막 퍼주라고? 내 이윤을 깎아서 선물하라고? 그러다 앞에서는 고맙다고 하고 뒤통수치는 놈들 만나면 어떡합니까? 그건 쿨한 기버가 아니라 그냥 차갑게 식어버린 호구 아닙니까?"

정확한 지적이다. 맞다. 애덤 그랜트의 명저 《기브 앤 테이크》를 보면 흥미로운 통계가 하나 나온다. 자본주의 생태계 피라미드의 최상단, 상위 0.1%을 차지하는 승자들은 조건 없이 베푸는 기버다. 그런데 놀랍게도, 피라미드 맨 밑바닥에서 평생 남들에게 착취만 당하며 가난하게 사는 패배자들 역시 기버라는 사실이다.

내 20대 시절이 정확히 저 피라미드의 맨 밑바닥, 최하위 호구형 기버였다. 나는 타고난 성향 자체가 거절을 잘 못하고 이타적인 편이었다. 앞서 1장에서 주말마다 돈 6만 원을 아껴주겠다고 포크레인으로 직접 모래를 퍼 담아 날랐던 에피소드를 기억하는가? 나는 내 몸이 부서져라 헌신하며 10을 주고 0을 받는 '10:0'의 짓거리를 밥 먹듯이 했다. 그러자 내 주변에는 내 노동력과 선의를 쏙쏙 빨아먹는 흡혈귀 같은 테이커들이 득실거렸다.

나는 왜 뜯겼을까? 세상이 악해서? 아니다. 내게 압도적인 '본질'이 없었기 때문이다. 대체 불가능한 전문성과 무기가 없는 상태에서 그저 착하기만 하면, 세상은 당신을 기버가 아니라 '가성비 좋은 노예'로 취급한다. 하지만 내가 내 이름 석 자에 수만 시간의 경험을 갈아 넣어 절대적인 본질을 갖추는 순간, 상황은 180도 역전된다. 내가 대체 불가능한 가치를 갖게 되면, 내 피를 빨아먹으려던 얄팍한 테이커들은 알아서 떨어져 나간다.

그렇게 내 본질이 단단해지고 상위 0.1%의 생태계로 진입하면서, 나는 10:0으로 뜯기던 호구의 삶을 버리고 나만의 잔혹하고도 완벽한 게임의 법칙을 하나 설계했다. 바로 파이를 무한대로 키우는 '3:7 게임'이다.

비즈니스 판에서 두 사람이 만나 '10'이라는 크기의 파이를 두고 협상을 벌인다고 치자. 평범한 사람들은 여기서 눈에 불을 켜고 정확히 '5:5'로 나누기 위해 기싸움을 한다. 반면 테이커들은 온갖 꼼수를 동원해 자기 혼자 '10'을 다 처먹으려고 든다.

하지만 나는 여기서 내 몫을 과감하게 '3'으로 줄이고, 상대방에게 '7'을 넘겨준다. 이익의 70%를 상대에게 주고 나는 30%만 가져가는 것이다. 주변에서는 또 호구 짓을 한다며 미쳤냐고 뜯어말린다. 하지만 이 게임이 반복되었을 때 일어나는 소름 돋는 나비효과를 알면, 당신은 결코 나를 호구라 부르지 못할 것이다.

혼자 '10'을 다 처먹으려는 테이커의 결말부터 보자. 그들은 눈앞의 이익을 독식하며 똑똑한 척하지만, 사람들은 바보가 아니다. 자기가 하는 행동을 남들이 모를 거라 착각하지만, 업계 바닥의 평판은 빛의 속도로 퍼진다. 결국 테이커는 두세 번의 게임 만에 밑천이 뽀록나고, 세상 그 누구도 그와 비즈니스를 하려 들지 않는다. 그의 인생은 10짜리 게임 3번, 즉 '30'을 먹고 영원히 끝난다.

그렇다면 7을 주고 3을 챙기는 나의 결말은 어떨까? 나와 비즈니스를 하면 자기한테 무조건 이익(7)이 남는다는 사실을 알게 된 사람들은, 앞다투어 나를 새로운 게임에 초대하기 시작한다. 나는 10짜리 게임에 10번, 100번, 200번 연속으로 불려 나간다. 30%만 챙겼지만 게임을 100번 하면 벌써 내 몫은 '300'이 된다. 혼자 10을 먹으려다 쫓겨난 테이커보다 무려 10배나 큰 부를 거머쥐는 것이다.

이 게임의 진짜 무서운 점은 따로 있다. 내가 100번, 200번의 게임에 참여하는 동안, 내 안에는 돈으로도 살 수 없는 엄청난 '경험'과 '실력'이 데이터로 누적된다는 사실이다. 실력이 쌓이고 본질이 압도적으로 커지면, 이제 내가 참여하는 게임의 판돈 자체가 달라진다. 처음에는 10짜리이던 게임이 어느새 100이 되고, 1,000이 되고, 10,000으로 커진다. 10,000짜리 게임에서 내가 30%를 먹으면? 내 몫은 순식간에 3,000이 되어 내 통장에 꽂힌다.

이것이 내가 밑바닥에서부터 연매출 100억 이상의 시장을 뚫고 올라온 가장 강력하고 단순한 원리다. 내가 '3:7 게임'에 굳건한 확신을 가지는 이유는, 숫자는 절대 배신하지 않기 때문이다.

우리가 B2C(기업과 소비자 간 거래) 인테리어 시장에서 100억 매출을 찍은 것이 벌써 3년 전이다. B2C로 100억을 넘기는 인테리어 회사는 대한민국 전체를 통틀어도 손에 꼽는다. 이 거대한 숫자가 의미하는 바는 명확하다. 우리가 그만큼 압도적으로 많은 고객들과 3:7의 게임을 치러왔고, 그들에게 기꺼이 7의 만족도를 넘겨주며 100번, 200번의 공사를 성공적으로 증명해 냈다는 뜻이다.

이 궤도에 오르고 나자 내 안에는 흔들리지 않는 자신감이 생겼다. 더 이상 남들의 시선이나 테이커들의 눈치를 보지 않게 되었다. 과거에는 고객이 우리 업체를 제발 '선택해 주기를' 기다리며 전전긍긍했다면, 지금은 완전히 반대다. 이제는 우리가 함께 게임을 할 고객을 '직접 선택'하는 위치에 올라선 것이다.

최상위 플레이어들은 이 '3:7의 법칙'을 본능적으로 안다. 내가 지금 당신이 읽고 있는 이 책을 쓰게 된 과정도 똑같았다. 사실 처음에는 책을 낼 생각이 별로 없었다. 친한 동생이자 베스트셀러 작가인 자청조차 책을 고민하던 내게 "형님,

굳이 책 내지 마세요"라며 만류했을 정도니까.

그런데 이 출판사와 첫 미팅을 하고 얼굴을 마주한 순간, 나는 그 자리에서 바로 출간 계약서에 도장을 찍기로 결심했다. 그 짧은 미팅 안에서, 이분이 파트너의 이익을 먼저 챙겨주는 '진짜 기버'이자, 그 뒤의 평판과 신용을 직관적으로 읽어냈기 때문이다. 내게 떨어질 당장의 인세를 계산한 것이 아니라, 이 사람과 게임을 함께 했을 때 열리게 될 더 거대한 판을 본 것이다.

당신은 지금 눈앞에 있는 10이라는 파이에서 기어코 5를 뜯어내려 핏대를 세우고 있는가? 아니면 10을 다 먹겠다고 꼼수를 부리다 판에서 영원히 쫓겨나는 테이커의 길을 걷고 있는가?

다음 스테이지로 넘어가고 싶다면 당장 계산기부터 부숴버려라. 내 본질을 완벽하게 다듬은 뒤, 파트너에게 과감하게 7을 던져주어라. 당신이 챙겨간 그 초라해 보이는 3의 파이가, 훗날 100번의 복리를 입고 3,000이 되어 돌아오는 기적을 맛보게 될 것이다.

조 단위 재벌 회장님이
기꺼이 지갑을 열고
내게 골프를 가르쳐준 이유

앞서 나는 내 몫의 70%를 기꺼이 내어주고 30%만 챙기는 '3:7 게임'이 궁극적으로 파이를 수백, 수천 배로 불려준다고 말했다. 그렇다면 이 미친 기버의 법칙을 상위 0.1%의 수천억, 조 단위 자산가에게 적용하면 어떤 일이 벌어질까? 결론부터 말하자면, 그들은 내가 내어준 70%의 선의를 낼름 삼키고 입을 싹 닦는 테이커의 행동을 절대 하지 않는다. 오히려 상상조차 할 수 없는 거대한 세계의 문을 내 눈앞에 활짝 열어젖힌다.

내 비즈니스 철학과 인생의 궤적을 완전히 뒤바꿔 놓은 분이 한 분 계신다. 바로 대한민국 인테리어 자재 업계의 압도적 1위이자 한때 내가 몸담았던 기업인 '영림'의 회장님이다. 나와 회장님의 인연은 아주 순수한 선의에서 출발했다.

몇 년 전, 우리 회사가 가진 인테리어 기술력으로 대중에게 선한 영향력을 미치고 싶어 '유튜브판 러브하우스' 프로젝트를 기획했다. 열악한 환경에 사는 분들의 집을 전액 무료로 고쳐주는, 우리 회사 입장에서도 수억 원이 깨지는 대형 프로젝트였다. 이때 유튜브에 조심스럽게 자재 협찬 요청을 받았는데, 흔쾌히 영림측에서도 무상으로 지원해 주셨다. 덕분에 영상은 수백만 뷰가 터지며 대성공을 거두었다.

프로젝트가 끝나고 내 마음속에는 깊은 부채 의식이 남았다. '이 고마움을 영림 측에 어떻게 갚을 수 있을까?' 나는 단순히 감사 인사나 명절 선물 세트로 퉁치고 싶지 않았다. 그것은 5:5의 평범한 사람들이나 하는 짓이라고 생각했다. 나는 영림을 위해 내 시간과 전문성을 갈아 넣어 확실한 '70%'를 돌려주기로 결심했다.

나는 카메라를 들고 무작정 그 당시 영림이 인천에서 진행하고 있던, 2,000평이 넘는 대형 쇼룸으로 찾아갔다. 그리고 내 채널의 구독자들에게 영림의 훌륭한 자재와 쇼룸의 디테일을 분석하고 홍보하는 영상을 찍어 올렸다. 결과는 대박이었다. 해당 영상은 순식간에 20만 뷰를 찍었고, 영림 본사에는 "아울디자인 유튜브를 보고 찾아왔다"는 고객들이 생겨났다. 당시 영림의 마케팅 담당자가 "대체 무슨 일이 일어난 거냐"며 혀를 내두를 정도였고, 이 소식은 당연히 회장님의 귀에까지 들어갔다. 내가 가진 70%의 무기를 아낌없이 퍼주자, 영림이라는 거대한 기업이 내 이름 석 자를 명확하게 인지하게 된 것이다.

진짜 기적 같은 일은 그로부터 얼마 뒤, 이탈리아 밀라노에서 열린 세계 최대 규모의 가구 박람회장에서 벌어졌다. 그 거대한 이국땅의 페어장에서 수많은 인파를 뚫고, 나는 운명처럼 영림 회장님과 마주쳤다.

먼저 다가가 깍듯하게 인사를 올리자, 회장님은 환하게 웃으시며 내 손을 꽉 잡으셨다. "아이고, 방송 아주 잘 봤어." "감사합니다, 회장님. 실은 제가 영림 출신인데, 혹시 알아보시겠습니까?"

과거의 인연을 말씀드리며 반갑게 인사를 나눈 뒤, 나는 회장님의 귀한 시간을 뺏지 않으려 정중히 목례를 하고 발길을 돌리려 했다. 그런데 헤어지려던 찰나, 회장님이 내 등 뒤에 대고 말씀하셨다.

"잠깐, 잠깐만. 박 사장, 오늘 저녁에 뭐 하나? 나랑 밥이나 한 끼 하지."

그렇게 수천억, 아니 조 단위의 재산을 굴리는 재벌 회장님과의 갑작스러운 독대 자리가 마련되었다. 심장이 터질 것 같았다. 식사를 하며 이런저런 이야기를 나누던 중, 회장님이 넌지시 내게 물으셨다. "박 사장, 혹시 소원 같은 거 있나? 내가 하나 들어주고 싶은데."

보통의 사람이라면 이 절호의 찬스에서 "저희 회사에 대형 공사 건 하나만 떼어 주십시오" 혹은 "자재를 도매가로 납품하게 해주십시오"라며 눈앞의 이익을 구걸했을 것이다. 하지만 나는 그런 얄팍한 짓을 하지 않았다. 대신 멋쩍게 웃으며 이렇게 대답했다. "회장님, 제가 사업하느라 바빠서 골프 연습만 하고 아직 필드에 나가 머리를 못 올렸습니다. 회장님께서 제 골프 머리를 한 번 올려주시는 게 제 소원입니다."

그러자 회장님은 호탕하게 웃으시더니, 믿을 수 없는 제안을 하셨다. "그래? 그럼 내가 올려주지."

그날 이후, 대한민국 최고 자산가 중 한 명인 회장님은 무려 1년 내내 일주일에 한 번씩 나를 데리고 프라이빗 명문 골프장으로 향하셨다. 회장님이 나를 가르치기 위해 그 자리에 불러 모은 라운딩 멤버들의 면면은 가히 충격적이었다. 누구나 이름만 들으면 알 만한 기업의 대표님들, 임원분들. 내 옆 테이블에서 밥을 먹는 사람들의 재무제표를 합치면 수조 원이 훌쩍 넘어갔다. 나는 회장님의 압도적인 배려 덕분에, 일반인은 평생 가도 밟아보지 못할 '상위 0.1% 이너서클'의 한복판에 뚝 떨어져 그들의 대화와 매너, 즉 '아비투스'를 스펀지처럼 흡수할 수 있었다.

하지만 내가 그 1년 동안 회장님 곁에서 배운 가장 위대한 자산은 인맥이나 골프 스킬이 아니었다. 26년, 올해 기준으로 75세의 고령에 조 단위의 알짜 회사를 소유하고 계신 회장님의 '태도' 그 자체였다.

회장님은 그 막대한 부를 이뤘음에도 매일 아침 일찍 출근해 공장을 돌고, 섬세하게 결재 서류를 챙기신다. 어느 날 라운딩을 마치고 회장님이 내게 해주신 한 마디는 내 심장을 세게 때렸다. "박 사장, 인간은 거룩하게 살아야 해. 평생 흙을 만진 농부의 까칠까칠한 손, 뜨거운 햇빛을 받아 깊게 파인 주름. 그 정직한 노동의 흔적이 얼마나 거룩하고 아름다

운가. 자기 그릇에 맞게 살되, 하루하루 땀 흘리며 최선을 다해 거룩하게 살아야 진짜 인생인 거야.”

조 단위 부자의 입에서 나온 ‘노동의 거룩함’. 우리가 흔히 생각한 상위 0.1%의 사람들은 결코 요행이나 꼼수로 그 자리에 오른 것이 아니었다. 또한 회장님은 “회사에 투자하지 말고, 사람에 투자하라”는 철학을 몸소 실천하고 계셨다. 회장님은 1년에 무려 50명씩, 1인당 천만 원이 넘는 비용을 전액 지원하며 직원들을 이탈리아, 미국, 스페인 등지로 해외 연수를 보낸다. 그리고 이것은 단순하게 회장님의 직원들에게 한정되지 않았다.

어느 날, 회장님이 뜬금없이 전화를 걸어오셨다. “어이, 박 사장. 이때 시간 좀 되나?” “네, 회장님. 무슨 일이십니까? 일정 비워두겠습니다.” 그러자 회장님은 대뜸 내게 비행기표를 끊어주시며 말씀하셨다. “미국 가서 돈 아끼지 말고 세상이 얼마나 넓은지, 디자인과 철학이 어떻게 움직이는지 다 보고 와. 스페인에 가서는 타일이 어떻게 생산되는지 그 디테일을 싹 다 배워오고.”

내가 먼저 가겠다고 기획한 출장도 아니었다. 회장님은 오직 아끼는 사람의 시야를 틔워주기 위해, 아무런 대가나 조

건 없이 그 거대한 기회와 전폭적인 지지를 툭 던져주신 것
이다.

　나는 이 엄청난 내리사랑과 70%의 호의를 받고 가만히 있
을 위인이 아니다. 다시 나의 '3:7 본능'이 발동했다. 당시 영
림은 마케팅 비용으로만 1년에 수십억 원을 태우고 있었다.
나는 회장님과 실무진을 찾아가 직언을 날렸다. "회장님, 초
등학교 앞에서는 명품백 백날 광고해 봐야 안 팔립니다. 거
긴 사탕과 연필을 팔아야 하는 곳입니다. 지금 영림의 마케
팅은 타깃이 완전히 엇나갔습니다. 쓸데없는 마케팅 비용
다 줄이십시오." "마케팅은 휘발성이 강합니다. 쏟아붓고 나
면 남는 게 없죠. 진짜 마케팅은 '포도나무'를 키우는 겁니다.
5년 동안 거름을 주고 정성껏 키워내면, 그 나무에서 열린
포도로 와인을 만들고, 씨앗을 뿌려 100그루의 포도밭을 만
들 수 있습니다. 제가 영림에 그 포도나무를 심어드리겠습니
다." 나는 이후로 영림의 마케팅 직원들을 우리 아울디자인
사무실로 불러모았다. 그리고 유튜브 채널을 기획하는 법,
썸네일을 만드는 법, 대중의 시선을 사로잡는 콘텐츠 기획법
을 무료로 과외해 주었다.

　여기에 나는 말로만 떠들지 않고 확실한 쿠션을 하나 찔러

넣었다. 내가 친하게 지내던 대형 유튜브 채널 ‘휴먼스토리’에 영림을 연결해 브랜딩 영상을 폭발시킨 것이다. 결과는 대성공이었다. 본편 650만 뷰, 쇼츠 도합 1,000만 뷰가 터지며 영상이 그야말로 뒤집혔다. 전 세계에서 문짝을 가장 많이 파는 1등 기업임에도 대중적 인지도가 아쉬웠던 영림이었는데, 영상을 본 대중들이 “오, 몰랐는데 우리 집 문짝도 영림이었네!”라며 반응하기 시작했다. 내가 하도 영림을 띄우고 다니며 마케팅을 전담하다시피 하니, 업계에서는 내 이름 박치은을 두고 “저놈 저거 영림 회장님 숨겨진 아들 황치은 아니냐”는 우스갯소리까지 돌 정도였다.

회장님은 나의 이 헌신적인 태도에 상상 이상의 아비투스로 화답하셨다. 한 번은 나를 불러 무려 2,000만 원짜리 ‘로로피아나’ 정장을 직접 맞춰주시며 이렇게 말씀하셨다. “박 사장, 최상의 것을 만들고 싶어? 그럼 네가 먼저 최상의 것을 뼈저리게 경험해 봐야 해.” 회장님이 내게 입혀주신 그 2천만 원짜리 정장의 무게, 그리고 그 짧은 명언은 내 비즈니스 철학을 통째로 바꿔놓았다.

이것이 상위 0.1%의 세계에서 기버들이 노는 방식이다. 돈 냄새를 맡고 꼬리 치며 얻어먹을 것만 궁리하는 테이커들은 회장님 곁 반경 1km 안에도 접근하지 못한다. 내가 진심을 다해 내 몫의 70%를 내어주면, 그들은 천억, 조 단위의 압도적인 아비투스와 경험이라는 계산도 할 수 없을 수익으로 내게 화답한다. 계산기를 부수고 순수한 기버가 되어라. 당신의 진정성이 그들의 결핍을 채워주는 순간, 당신은 돈으로도 환산할 수 없는 가장 위대한 거인들의 어깨 위에 올라타게 될 것이다.

계산 없는 선의가
연매출 100억짜리 새 사업으로
돌아온 소름 돋는 순간

나는 앞서 '3:7 게임'을 통해 내 몫을 기꺼이 덜어주고 상
대의 파이를 키워주는 기버가 되라고 거듭 강조했다. 그런
데 이쯤 되어도 독자들 중에는 여전히 의심의 눈초리를 거두
지 못하는 사람들이 있을 것이다. "대표님, 좋은 사람 만나서
밥 얻어먹고, 종종 사주고, 골프장 가는 건 알겠는데요. 결국
그게 내 통장에 꽂히는 진짜 '돈'이나 '사업'으로 연결이 됩
니까?"

이 질문에 대한 대답으로, 내가 철저한 계산 없이 베푼 순

수한 선의가 어떻게 전혀 예상치 못한 또다른 '연매출 수십 억짜리 거대한 비즈니스'로 둔갑해 돌아왔는지, 그 소름 돋는 실전 사례들을 공개하겠다.

첫 번째는 소파 브랜드 '페르손'의 창업과 엑시트 스토리다. 앞서 이야기한 '유튜브판 러브하우스' 프로젝트를 진행할 때였다. 좋은 취지로 전액 무료 공사를 한다는 소식이 알려지자, 한 소파 회사의 2세 경영인이 선뜻 수백만 원짜리 소파를 협찬해 주겠다며 연락을 해왔다. 대가를 바라고 한 일이 아님을 알기에 나는 진심으로 고마웠고, 그와 인간적으로 깊은 관계를 맺게 되었다.

그의 회사를 가만히 지켜보니, 제품의 퀄리티는 너무나 훌륭한데 '마케팅'과 '브랜딩'이라는 치명적인 결핍이 보였다. 나는 "협찬해 주셨으니 한 걸음 더 나아가, 우리 유튜브에 광고비 내고 한번 실으시죠"라며 얄팍한 장사를 하지 않았다. 내 전문성과 기획력을 바탕으로 그의 결핍을 완벽하게 채워 주기로 했다. "대표님, 제품은 너무 좋은데 포장과 마케팅이 아쉽습니다. 저랑 같이 아예 새로운 브랜드를 하나 제대로 만들어 보시죠. 마케팅과 브랜딩은 제가 다 돕겠습니다."

그렇게 순수한 호의와 관계를 바탕으로 소파 브랜드 '페르손'이 탄생했다. 내가 가진 인테리어 트렌드에 대한 직관과 마케팅 역량이 더해지자 브랜드는 단기간에 폭발적으로 성장했다. 그리고 나는 최근 이 페르손의 지분을 성공적으로 매각하며 자본적 수익을 얻었다. 처음 러브하우스에 소파 하나를 협찬받으며 시작된 계산 없는 선의가, 거대한 브랜드를 창업하고 매각하는 게임으로 돌아온 것이다.

두 번째 사례는 현재 내가 폭발적으로 키우고 있는 '타일 유통 비즈니스'다. 인테리어 사업을 하면서 재무제표를 뜯어보니, 이 업계에서 영업이익을 가장 많이 남길 수 있는 핵심 파이프라인이 바로 '타일'과 '소파'였다. 우리 아울디자인이 1년 동안 현장에서 소비하는 타일 자재비만 무려 35억에서 40억 원에 달했다. '이 막대한 물량을 우리가 직접 수입해서 유통하면, 중간 마진을 줄여 고객에게 더 좋은 퀄리티의 타일을 더 합리적인 가격에 제공할 수 있지 않을까?'라는 생각이 들었다. 일반적으로 타일 유통 마진율이 30%인데, 우리가 직접 수입해 15%만 취하고 나머지 15%의 이익을 고객에게 돌려주면 압도적인 경쟁력이 생기기 때문이다.

그러던 중, 세계적인 규모를 자랑하는 중국의 대형 타일 회사 '유송타일'의 부사장님과 우연히 유튜브 콘텐츠 관련으로 인연이 닿았다. 그분은 내게 "박 대표님, 중국에 한 번 오시죠"라며 나를 초청했고, 현지에서 컨테이너 단위로 자재가 움직이는 어마어마한 물류의 세계와 소싱 시스템을 내 눈앞에 직접 보여주었다. 내게 완전히 새로운 비즈니스의 지평을 열어주신 것이다.

이 엄청난 경험을 선물 받은 내가 가만히 입을 닦고 있을 리 없었다. 나는 유송타일이 가진 '구조적 약점'을 분석했다. 그들은 공장의 규모나 생산력은 세계 최고 수준이었지만, 최신 디자인 트렌드를 짚어낼 디자이너가 부족했다. 제품의 본질과 퀄리티는 좋은데, 그것을 매력적으로 보이게 하는 '포장'이 턱없이 약했던 것이다.

우리가 흔히 명품하면 떠오르는 에르메스(Hermes)의 버킨백을 한번 상상해 보라. 약 2천만 원짜리 버킨백을 검은 비닐봉지에 담아서 준다면, 과연 고객이 그 가방을 수천만 원짜리로 느끼겠는가? 절대 아니다. 버킨백이 수천만 원의 가치를 갖는 이유는, 매장에서 받는 VIP 대우, 장갑을 끼고 제품을 꺼내 보여주는 것 같은 섬세한 퍼포먼스, 빳빳한 주황색 박스와 정성스럽게 묶인 리본 끈, 이 모든 '구매 여정의 디테일'이 완벽하게 세팅되어 있기 때문이다.

유송의 타일은 본질은 훌륭한데, 내 눈에는 그 거대한 가치를 담아낼 포장과 트렌드 감각이 약간은 아쉬워 보였다. 나는 이 압도적인 제품에 걸맞은 포장지를 씌워주어야겠다고 확신했다. 그리고 곧바로 대가 없이 그들을 돕기 시작했다. 우리 아울디자인 소속의 에이스 디자이너들을 직접 파견 보내, 요즘 자산가들이 선호하는 텍스처와 트렌드 방향을 잡아주었다. 제품이 현장에 나갈 때 담기는 패키징과 브랜드의 톤앤매너를 고급화할 수 있도록 내 인력과 시간을 갈아 넣어 전폭적으로 컨설팅해 준 것이다.

내가 계산기를 두드리지 않고 기꺼이 베푼 이 압도적인 선의는, 상상치도 못한 거대한 기회로 내게 돌아왔다. 유송 측과의 끈끈한 신뢰가 쌓이면서, 내가 독자적으로 타일을 한국에 수입할 때 그들의 거대한 물류 인프라를 활용할 수 있도록 전폭적인 도움을 받게 된 것이다. 나는 이렇게 컨테이너 단위로 자재가 움직이는 거대한 글로벌 소싱 루트를 단숨에 뚫어냈고, 이 탄탄한 물류망에 아울디자인의 안목을 얹어 마침내 나만의 타일 유통 법인인 '보나유통상사'를 직접 설립했다.

결과는 어땠을까? 보나유통상사는 운영을 시작한 지 불과

5개월 만에 매출 40억 원을 훌쩍 넘겼고, 이 기세라면 첫해 목표인 연매출 100억 원을 무난하게 돌파할 예정이다. 내가 계산기 두드리지 않고 기꺼이 내어준 디자인과 브랜딩 팁이, 그들의 컨테이너를 타고 넘어와 1년 만에 내 품에 100억짜리 거대한 유통 법인이라는 캐시카우를 안겨 준 것이다.

만약 내가 처음 유송타일 부사장님을 만났을 때, "우리 디자이너들 파견해서 컨설팅해 드릴 테니 비용으로 1억만 주십시오"라고 굴었다면 어땠을까? 눈앞의 1억 원은 벌었겠지만, 수입 컨테이너 인프라를 지원받으며 매년 100억 이상의 파이프라인을 만들어낼 '보나유통상사'라는 법인은 평생 내 것이 되지 못했을 것이다.

이 무서운 기버의 나비효과를 보여주는 또 하나의 생생한 최근 사례가 있다. 바로 용평CC 회장님과의 인연이다.

용평CC 회장님과 함께 골프 라운딩을 나갔을 때였다. 운이 좋게도 그날 내가 샷 이글(Shot Eagle, 골프에서 파4 홀의 두 번째 샷 또는 파5 홀의 세 번째 샷 등 기준 타수보다 2타 적게 홀에 넣는 것)을 쳤다. 아마추어 골퍼에게 이글은 홀인원만큼이나 기적적이고 엄청난 경사다. 나는 너무 기쁜 나머지 그 기분을 나 혼자 잘나서 이룬 양 독식하지 않았다. 대신 회장님은 물론이고 당시 우리를 돕던 캐디님에게까지 넉넉하게 지갑에 있던 모든 현금을 팁으로 쥐여주며 그 기쁨을 진심으로 함께 나누었다.

내가 기쁜 상황에서 기꺼이 호의를 베풀고 주변 사람들과 마음을 나누자, 믿을 수 없는 일들이 꼬리를 물고 일어났다. 그날의 유쾌했던 라운딩과 끈끈해진 관계 덕분에, 훗날 용평 회장님이 '휴먼스토리' 유튜브 채널에 기꺼이 출연해 주셨고, 해당 영상이 무려 280만 뷰를 찍게 되었다. 그 골프장 라운딩 한 번에서 시작된 긍정의 에너지가 거대한 폭발로 이어진 것이다.

이뿐만이 아니다. 최근 내가 사업가들을 대상으로 1,000만 원짜리 '인테리어 비즈니스 크루(IBC)' 컨설팅 과정을 진행할 때였다. 수천억, 수조원의 자산을 굴리는 회장님이 기꺼이 내 강의장에 직접 발걸음을 해주셨다. 강연료? 단 1원도 받지 않으셨다. 그 엄청난 분이 오직 나와 맺은 '마음과 마음의 연결' 하나만으로 수강생들 앞에서 자신의 귀한 인사이트를 대가 없이 쏟아내 주신 것이다.

만약 내가 이런 귀한 인연들을 철저한 계산기로만 대했다면 이런 일들이 일어났을까? 절대 불가능하다. 인간 대 인간의 마음이 넘어가면, 돈으로 환산할 수 없는 말도 안 되는 기적들이 일상처럼 쏟아진다.

비즈니스 판에서 '관계'란 이토록 무서운 것이다. 기버들의 세계에서는 내가 100을 주었다고 해서 상대방이 정확히 100을 돌려주지 않는다. 때로는 1,000이 되고, 때로는 10,000이 되어 상상조차 할 수 없는 차원의 비즈니스로 폭발한다. 누군가의 결핍이 보일 때, 내 시간과 재능을 기꺼이 던져 그 빈틈을 메워주어라. 계산 없는 선의야말로 가장 폭발적인 수익률을 자랑하는 지독하게 영리한 투자다.

반바지 입은 부자는 없다:
상위 0.1%가 목숨 거는
'점잖음'의 디테일

요즘 사람들에게 "영향력이 무엇이냐"고 물으면 열에 아홉은 인스타그램 팔로워 수나 유튜브 구독자 수를 떠올린다. 길거리를 돌아다니면 수십만 팔로워를 가졌다며 연예인병에 걸려 거들먹거리는 이른바 '인플루언서'들이 넘쳐난다. 하지만 진짜 수백, 수천억의 자본을 움직이는 상위 0.1% 자산가들의 세계에서, 그딴 숫자로 구성된 팔로워는 아무짝에도 쓸모없는 허수에 불과하다. 진짜 부자들은 다수의 대중을 원하지 않는다. 나에게 영감을 주고 실질적인 비즈니스 시너지를 낼 수 있는 '가치 있는 소수'를 갈망한다.

그렇다면 그 가치 있는 소수, 진짜 자본을 끌어당기는 하이엔드 네트워크의 사람들은 무엇으로 서로의 수준을 알아보고 관계를 맺을까? 나는 이 질문에 대한 답을 '클래식'과 '점잖음'이라는 두 단어로 정의한다.

나는 "유행은 잠깐이지만 클래식은 영원하다"라는 명언을 가장 좋아한다. 우리나라 시장의 고질적인 문제 중 하나가 바로 지나친 '냄비 근성'이다. 불과 1~2년 전만 해도 전국을 뒤덮었던 탕후루 가게들이 지금은 흔적도 없이 사라지고, 두바이 초콜릿이니 뭐니 하는 유행 아이템들이 그 자리를 대체했다가 또 금방 식어버린다. 사람들은 유행이 바뀔 때마다 우르르 몰려가 돈을 쏟아붓고 금세 질려버린다. 그럴 때마다 이 나라에는 전통적인 방식의 철학과 문화를 진득하게 존중해 주는 문화가 턱없이 부족하다고 느껴진다.

반면 골목 어귀에서 20년, 30년째 묵묵히 자리를 지키고 있는 오래된 백반집이나 생선구이집을 보라. 그들은 트렌드가 바뀐다고 호들갑 떨지 않는다. 전통적인 진짜 부자들의 생태계도 이 오래된 생선구이집과 완벽하게 똑같다. 그들은 남들의 시선을 끌기 위한 자극적인 후킹이나 바이럴 마케팅에 목숨을 걸지 않는다. 오직 내가 굽는 생선의 퀄리티,

제품에 대한 철저한 품질 관리(QC), 완벽한 사후 관리(AS)라는 '본질'에만 미친 듯이 집착한다. 서서히 사람들에게 전해지며 쌓이는 '품격'과 '신의', 그것이 그들이 관계를 맺는 방식이다. 반대로 벼락부자가 된 졸부나 이른바 '가짜 부자'들의 특징은 본질의 업그레이드보다 포장지의 업그레이드에만 열을 올린다는 것이다. 알맹이는 텅 비었는데 겉멋만 잔뜩 든 이 차이를, 진짜 자산가들은 귀신같이 알아채고 가차 없이 걸러낸다.

이들이 클래식한 본질만큼이나 목숨처럼 지키는 것이 바로 '점잖음'이라는 디테일이다. 이 점잖음을 볼 수 있는 곳도 역시 골프장이다. 일반적인 퍼블릭 골프장에 가보면 미디어에서 진짜 부자들은 '오히려 집 앞에 나가는 것처럼 편하게 나온다'는 말을 보고 슬리퍼를 질질 끌고 오거나, 형형색색의 반바지에 캡 모자를 푹 눌러쓰고 시끄럽게 떠드는 사람들을 흔하게 볼 수 있다.

하지만 트리니티, 잭 니클라우스, 해슬리 나인브릿지 같은 극강의 프라이빗 하이엔드 구장에서는 이런 꼴을 용납하지 않는다. 내가 경험한 이곳에 오는 분들은 무조건 깔끔한 정장이나 재킷을 차려입고 클럽하우스에 들어선다. 반바지와

슬리퍼는 물론이고, 타인에게 위화감을 줄 수 있는 문신이 몸에 새겨져 있으면 입장 자체가 가차 없이 거부된다. 전 세계에 럭셔리 골프장을 소유한 도널드 트럼프 전 미국 대통령조차 자신의 구장에서 복장 규정을 어긴 사람에게는 제아무리 가족이나 VIP라 할지라도 불호령을 내리는 것으로 유명하다.

이것을 그저 '가진 놈들의 콧대 높은 허세'라고 비꼬는 사람들은 평생 그 무대에 올라갈 자격이 없는 자들이다. 복장과 태도, 음식 예절은 상대방에 대한 가장 기본적인 배려, 매너다. 수천억의 자본이 오가고 비즈니스 파트너십이 맺어지는 자리에, 면도도 제대로 안 하고 구겨진 옷을 입고 나가는 것은 내 앞의 상대를 존중하지 않겠다는 무언의 어필과도 같다. 점잖음 속에는 타인에 대한 깊은 배려와 스스로에 대한 엄격한 통제가 담겨 있다.

나는 이들의 아비투스를 흡수하기 위해 해외 출장을 갈 때면, 기꺼이 내 돈을 쏟아부어 그 나라에서 가장 비싸고 훌륭한 하이엔드 호텔과 서비스를 찾는다. 스위스 취리히에 갔을 때는 하룻밤에 1,000만 원이 넘는 최고급 호텔 펜트하우스에 묵었다. 그들은 나를 픽업하기 위해 무려 '헬리콥터'를 띄

웠고, 숨 막히도록 완벽한 접대와 의전을 제공했다.

내가 피 같은 1,000만 원을 허공에 날리며 이 사치를 누린 이유는 단 하나다. 최상의 것을 창조해 내려면, 나부터 최상의 것을 직접 경험해 봐야만 한다는 영림 회장님의 철학을 정말 잊지 않고 적용하기 위해서다. 나는 하이엔드 고객들이 평소 어떤 대우를 받으며 살아가는지, 그들이 지갑을 열 때 기대하는 '서비스의 기준점'이 도대체 어디에 있는지를 내 피부로 직접 각인하고 싶었다. 그들의 문화를 뼛속까지 이해하고 경험해야만, 내 비즈니스에 그 디테일을 완벽하게 이식하여 고객에게 제대로 된 '하이엔드 경험'을 선사할 수 있기 때문이다.

나는 이전의 일화와 철학을 바탕으로, 우리 회사에 상담을 하러 오는 하이엔드 고객들에게는 백화점 VIP를 상징하는 '에메랄드 컬러'의 메뉴판을 건넨다. 내어주는 물도 일반 믹스커피나 생수가 아니라 명품 매장에서 제공하는 피지워터나 산펠레그리노 탄산수다. 남들이 보기엔 별것 아닌 유난 같겠지만, 평당 2억짜리 집에 사는 사람들에게 이런 디테일은 일상적이고 자연스러운 로열티다. 그들은 그 작은 물병 하나에서 단번에 우리의 '격'을 알아본다.

위에서 이야기했던 에르메스의 버킨백을 예로 들어보자. 이 가방의 매장 정가는 1,900만 원이지만, 리셀 시장에서는 4,000만 원을 호가한다. 돈이 많다고 해서 매장에 가 당장 4,000만 원을 주고 살 수 있는 것도 아니다. 매장에서 정가로 가방을 살 '기회'를 얻으려면, 요즘 기준으로는 의류나 그릇 등 다른 에르메스 제품을 7,000만~8,000만 원 이상 구매하여 실적을 쌓아야만 한다. 1,900만 원짜리 가방이 리셀 시장에서 그토록 비싸게 팔리는 이유가 바로 이 까다로운 진입 장벽 때문이다.

이러한 철저한 장벽은 최고급 시계 브랜드인 파텍필립에서도 찾아볼 수 있다. 파텍필립의 '노틸러스' 같은 인기 모델은 매장에 방문한 일반 고객에게는 아예 보여주지도 않는다. 기존의 탄탄한 구매 내역이 증명되어야만 비로소 물건을 살 수 있는 철저한 '그들만의 세상'이 존재하는 것이다.

그렇다면 사람들은 왜 이렇게까지 높은 허들에도 불구하고 열광할까? 남편이 가방을 사주겠다고 약속했을 때의 설렘, 매장에서 받는 압도적인 VIP 대우, 나에게만 특별하게 물건을 보여주는 프라이빗함, 정성스럽게 묶인 주황색 포장지와 장갑 낀 직원의 손길. 그리고 집에 돌아와 그 영롱한 포장지를 뜯어보는 순간까지. 결국 사람들은 단순히 가방이나 시계라는 물건 하나를 사는 게 아니라, 이 완벽하게 설계된 럭셔리한 '구매의 여정'과 아무나 들어갈 수 없는 '그들만의 세상에 소속되었다는 특권' 전체를 기꺼이 사는 것이다.

그런데 우리가 진행하고 있는 인테리어 공사는 이런 명품 가방보다 비싼 경우도 종종 있고, 기본적인 단가 역시 명품을 구매하는 여정과 비슷하다. 비싸게는 1억, 2억 원까지도 훌쩍 넘어가는 거대하고 긴 과정이다. 그런데 이런 고객을 모셔놓고 종이컵에 탄 믹스커피를 들이밀며 칙칙한 사무실에서 대충 응대한다면, 그 공사는 시작하기도 전에 가치가 곤두박질친다. 입구에서부터 환영받는 느낌, 세상에서 가장 특별한 주인공이 된 것 같은 경험을 완벽하게 세팅해 주는 것. 그것이 내가 하이엔드 시장에서 헬리콥터를 타며 배워온 진짜 '점잖음'의 비즈니스적 활용법이다.

마지막으로, 이들과 맺는 '관계의 온도' 또한 점잖아야 한다. 나는 인간관계를 '장작불'에 비유한다. 한겨울에 장작불에 너무 가까이 다가가면 뜨거워서 화상을 입는다. 가족이나 절친한 친구끼리 매일 지지고 볶고 싸우는 이유도, 상대를 내 소유물이라 착각하고 상대의 영역에 너무 깊숙이, 무례하게 개입하려 들기 때문이다. 반면 거리가 너무 멀어지면 온기를 전혀 느낄 수 없어 얼어 죽고 만다.

가장 완벽하고 오래가는 비즈니스 관계는, 타지 않을 만큼의 약간의 거리를 유지하며 서로의 온기를 기분 좋게 나누는 '따뜻한 거리두기'에 있다. 아무리 친해진 사이라 할지라도 선을 넘지 않고 깍듯한 예의를 지키는 것. 지나친 집착이나 과도한 요구로 상대를 질리게 하지 않고, 상대가 나를 필요로 할 때 묵직하게 곁을 내어주는 점잖은 태도. 이것이 바로 가짜들이 흉내 낼 수 없는 상위 0.1%의 진짜 아비투스다.

당신이 지금보다 더 거대한 판에서 놀고 싶다면, 당장 인스타의 허세 가득한 포장지부터 걷어내라. 그리고 내면의 본질을 묵직하게 채운 뒤, 머리끝부터 발끝까지 뼛속 깊이 '배려'와 '점잖음'으로 무장하라. 반바지를 입고 나오는 태도를 가진 부자는 없다. 당신의 그 잘 다려진 셔츠와 장작불처럼 따뜻한 태도가, 수백억짜리 인생으로 가는 계약서에 도장을 찍게 만드는 가장 치명적인 무기가 될 것이다.

자신의 회사를 욕하는 자와는 밥도 먹지 마라

앞서 이야기들을 통해 상위 0.1%의 기버들이 모인 하이엔드 네트워크가 얼마나 거대한 파이를 만들어내는지 이야기했다. 그런 이들이 모인 맑고 깨끗한 1급수 생태계 안에서는 서로가 서로를 돕고 끌어주며 상상조차 할 수 없는 시너지가 폭발한다. 하지만 이 완벽한 생태계에도 치명적인 약점이 하나 있다. 바로 탐욕스러운 테이커라는 미꾸라지 한 마리가 섞여 들어오는 순간, 전체가 순식간에 흙탕물로 변해버린다는 것이다.

그래서 나는 새로운 모임에 가거나 누군가를 처음 만날 때, 이 사람이 내 네트워크에 들여도 될 진짜배기인지 아니면 당장 쳐내야 할 가짜인지를 판별하는 나만의 엄격한 '감별법'을 작동시킨다. 내 경험상, 절대 곁에 두면 안 되는 1순위 인간 유형은 너무나 명확하다.

바로 남의 험담을 즐기고, 자기가 몸담고 있는 회사나 집단을 욕하는 사람이다. 간혹 네트워킹 자리나 술자리에 가면, 분위기를 띄우고 공감대를 형성한답시고 자기 회사 대표를 깎아내리거나 조직의 시스템을 욕하는 사람들이 있다. "우리 회사는 이래서 엉망이고, 대표는 저래서 멍청하다"며 침을 튀긴다. 그들은 누군가를 같이 욕하면서 끈끈한 유대감이 생길 거라 착각하지만, 나는 그런 이야기를 듣는 순간 마음속으로 셔터를 닫아버린다. 두 번 다시 그 사람과 밥을 먹거나 비즈니스를 엮는 일은 없다.

왜일까? 논리는 아주 단순하다. 그토록 형편없고 멍청한 회사라면, 도대체 당신은 왜 그 조직에 꾸역꾸역 남아있는가? 자기가 다니는 회사를 욕하는 것은 결국 '내 수준이 딱 그 형편없는 회사에 머물러 있는 삼류'라는 것을 자기 입으로 인정하는 꼴밖에 되지 않는다. 진짜 실력이 있고 야망이

있는 에이스라면, 회사의 문제를 비판하고 ‘해결책’을 제시
하거나, 그게 정 안 되면 과감하게 퇴사하고 본인의 가치를
알아주는 더 높은 곳으로 이직했을 것이다. 아무런 행동도
하지 못하면서 뒤에서 불평불만만 쏟아내는 자들은 전형적
인 수동적 테이커다.

사람들은 흔히 직장이나 연인을 떠나보낼 때 이런 위로를
주고받는다. “괜찮아, 똥차 가고 벤츠 온다잖아.” 천만의 말
씀이다. 단언컨대, 똥차 가고 벤츠 안 온다. 똥차가 가면 또
다른 똥차가 올 뿐이다. 왜 그런 줄 아는가? 내 주변에 똥차
만 꼬이는 이유는 내 자신이 바로 그 ‘똥차를 모는 수준의 운
전수’이기 때문이다. 내가 성장하지 않고, 내 태도가 바뀌지
않았는데 어떻게 기적처럼 벤츠가 내 앞에 멈춰 서겠는가.
자기가 딛고 서 있는 바탕을 부정하고 욕하는 사람의 곁에는
영원히 그와 똑같은 불평불만 세력만 꼬이게 마련이다. 더구
나 오늘 이 자리에서 자기 회사를 욕하고 남의 험담을 퍼트
리는 사람은, 내일 다른 자리에 가서 100% 내 욕을 퍼트릴
사람이다. 이런 자들을 네트워크에 들이는 것은 내 발등을
찍는 자해 행위나 다름없다.

내가 두 번째로 가차 없이 걸러내는 부류는 ‘말의 무게’를

모르는 허풍쟁이들이다.

하이엔드 인간관계 판에서 '말'은 곧 신용이자 자본이다. 나는 누군가를 처음 만나는 자리에 나갈 때 엄청난 공을 들인다. 첫인상은 철저하게 내가 주도해서 완벽하게 세팅한다. 미팅 전에 반드시 그 사람에 대한 정보를 조사하고, 그가 평소 말하는 '포장'과 실제 그가 가진 '본질'이 일치하는지, 과하게 자기를 부풀리거나 허풍을 떨지는 않는지 철저하게 교차 검증을 한다.

그리고 내가 술과 담배를 아예 안 하기 때문에, 유일하게 돈을 팍팍 쓰는 곳이 바로 식당이다. 회장님들과 매일같이 식사를 하며 쌓아둔 내 완벽한 식당 리스트를 바탕으로, 상대방에게 가장 어울리는 식당 옵션들을 제안한다. 장소가 선택되면 비서를 통해 시간을 맞추고, 약속 전날에는 반드시 "내일 몇 시, 어디 식당 맞으시죠?"라고 확인 전화를 넣어 빈틈없이 조율을 끝낸다. 미팅 자리에는 격식을 갖춘 정장 차림으로 예의를 갖추고 나가며, 밥값은 당연히 내가 먼저 계산해 둔다.

골프 약속이라면 디테일은 더 깊어진다. 나는 라운딩을 나갈 때마다 일반 매장에서 대략 8만 원 정도 하는 최고급 타이틀리스트 골프공을 한 박스씩 사 들고 간다. 그리고 이 비싼 새 공들을 라운딩을 함께하는 동반자들에게 기꺼이 선물로 쥐여준다. 내가 이렇게 사소한 부분들까지 섬세한 배려를 준비하는 이유가 있다. 이 모든 디테일이 내가 존경하는 멘토, 영림 회장님이 하시는 방식이기 때문이다. 회장님이 특정 기업의 화장품을 선물하시면 나도 그것을 선물하고, 특정 기업의 양주 30년산을 선물하시면 나도 똑같이 따라 한다. 어떤 분야에 압도적인 멘토가 있다면, 일단 그 사람의 훌륭한 습관과 애티튜드를 토씨 하나 틀리지 않고 그대로 모방하는 것이 상위 0.1%로 가는 가장 빠른 지름길이다.

이렇게 내가 할 수 있는 최상의 예의와 기버의 태도를 세팅한 뒤, 상대방의 반응과 말의 무게를 유심히 지켜본다. 과하게 자기 자신을 부풀리거나, 있지도 않은 인맥을 과시하며 허풍을 떠는 자들은 이 과정에서 100% 밑천이 드러난다.

물론 첫인상보다 훨씬 더 무섭고 중요한 것은 바로 '끝인상'이다. 진짜 내 사람으로 만들고 싶은 '진짜배기'를 만났다면, 나는 그 자리에서 미팅이 끝나기 전에 곧바로 빈말 없이 다음을 잡는다. "대표님, 오늘 너무 즐거웠습니다. 다음 주에 시간 어떠십니까? 제가 다시 뵙고 싶습니다." 이렇듯 또 볼 사람은 그 자리에서 무조건 날짜를 잡아버린다.

반면, 내가 가장 기피하는 인사는 바로 이것이다. "오늘 즐거웠습니다. 나중에 밥 한번 하시죠." "언제 시간 되실 때 연락 한번 주십시오."

나는 이런 의미 없는 겉치레 말을 혐오한다. 내 인생에 '나중에 언제 한번'이라는 시간은 존재하지 않는다. 나는 그냥 허공에 의미 없이 말을 뱉지 않는다. 말에는 장난이 없어야 한다고 믿기 때문에, 가벼운 장난을 치며 실없는 소리를 던지는 것도 정말 싫어한다. 말의 무게를 가볍게 여기는 사람들과는 비즈니스를 논해서 좋을 게 없다. 그들은 결정적인 순간에 반드시 말을 바꾸거나 책임을 회피한다. 오직 이 말값을 무겁게 지킬 줄 아는 사람들과 어울려야 내 비즈니스의 판도 단단해진다.

당신 주변의 인간관계를 냉정하게 가지치기해라. 자기가 몸담은 곳에 침을 뱉는 자, 실체 없이 포장지만 화려한 자, 말의 무게가 깃털처럼 가벼운 자들을 당신의 식탁에서 영원히 추방시켜라. 그 빈자리에 내뱉은 말을 무조건 지켜내는 사람, 불평 대신 해결책을 찾는 진짜 에이스들을 채워 넣어라. 깐깐하고 매몰차게 사람을 거르는 것. 그것이 내 이름 석 자의 평판과 내 거대한 파이를 지키는 가장 안전한 방패다.

끝까지 남아 쓰레기를 치운
20대 대학생

강연을 하거나 컨설팅을 진행하다 보면 20대 사회초년생이나 취업 준비생들에게 자주 받는 질문이 있다. "대표님이 만약 아무 스펙도, 자본도 없는 20대로 다시 돌아간다면 당장 무엇을 하시겠습니까?"

내 대답은 언제나 확고하다. 남들이 쉽게 진입할 수 있는 얄팍한 유행이나 적당히 워라밸을 챙길 수 있는 회사는 쳐다보지도 않을 것이다. 대신, 재무제표를 뜯어보고 영업이익이 가장 높게 나오는 산업, 즉 '돈이 확실하게 도는 시장'의 1등 기업을 찾아가 내 20대의 몸과 체력을 무식하게 때려 박으며 절대적인 전문성을 쌓을 것이다.

그러면 십중팔구 이런 볼멘소리가 돌아온다. "아니, 스펙도 없고 쥐뿔도 없는 20대를 그런 1등 기업에서 미쳤다고 뽑아줍니까? 서류 전형에서 광탈할 텐데요."

개명청한 소리다. 자기소개서에 "저는 성실하고 열정이 넘칩니다" 따위의 뻔한 텍스트나 적어 내니까 광탈하는 것이다. 당신이 가진 게 아무것도 없다면, 회사가 당신을 거들떠보게 만들 '압도적인 태도'를 보여주면 된다. 만약 내가 "아울디자인" 같은 업계 1위 회사에 지원했는데 떨어졌다면, 나는 한 달 내내 그 회사 앞마당을 빗자루로 쓸 것이다. "대표님, 무급으로 일하겠습니다. 돈 한 푼 안 주셔도 좋으니 청소라도 돕게 해주십시오. 뭐든 시키는 건 다 하겠습니다." 이렇게 절박하게 매달리며 나의 쓸모를 증명하려 드는 독기 품은 젊은이를, 내치고 안 뽑을 대표는 이 세상에 단 한 명도 없다.

"말이 쉽지, 요즘 세상에 진짜 그런 청년이 어딨습니까?"라고 반문할지 모르겠다. 하지만 내 눈앞에 실제로 그 미련하고도 위대한 태도를 증명해 보인 20대가 있었다.

얼마 전, 앞에서 잠시 언급했던 유튜브 〈장사건물주 강호동〉 형님이 진행하는 채널에 출연해 '100억짜리 저녁 식사'라는 콘셉트로 촬영을 한 적이 있다. 내게 사연을 보낸 청년들을 초대해, 내가 사비로 250만 원가량의 값비싼 식사를 대접하며 멘토링을 해주는 자리였다.

그 자리에 모인 여러 명 중, 놀랍게도 빈손이 아니라 작은 선물을 들고 온 사람은 딱 2명뿐이었다. 한 여성분은 꽃을 사 왔고, 어떤 친구는 홀케이크를 들고 왔다. 비싼 선물을 말하는 게 아니다. 수백만 원짜리 식사를 대접받는 자리에 오면서, 그에 대한 최소한의 성의와 '태도'를 보인 사람이 2명이었다는 사실이다. 나는 의도치 않게 여기서도 자동적으로 사람들의 그릇을 보고 있었다.

식사와 촬영이 모두 끝나고, 사람들이 하나둘 인사를 하며 자리를 떴다. 13명이 한바탕 휩쓸고 간 테이블은 그야말로 난장판이었다. 물론 이모님이 치워주시겠지만, 아무리 그래도 누군가에게 자리를 그렇게 더럽게 방치하고 떠나는 것은 내 기준에서 기본 예의가 아니었다.

그래서 나는 사람들을 다 보내고 혼자 남아 테이블의 큰 쓰레기들을 치우고 주변을 정리하기 시작했다. 그런데 내 옆에서 누군가 말없이 함께 쓰레기를 줍고 테이블을 닦고 있는 것이 아닌가. 서울의 한 대학교에 재학 중이라던 20대 남학생이었다. 다른 사람들이 "잘 먹었습니다!" 하고 훌쩍 떠날 때, 그는 끝까지 남아 주최자인 나와 함께 난장판이 된 테이블을 치우고 있었다.

정리가 대충 끝났을 때, 그 남학생이 내게 조심스럽게 다가와 입을 열었다. "대표님, 저한테 기회만 주신다면 무슨 수를 써서라도 건축사 자격증을 당장 따오겠습니다. 아니, 돈 한 푼 안 주셔도 좋으니 공짜로라도 곁에서 일하게 해 주십시오. 회사에 들어갈 기회만 주시겠습니까?"

나는 그 결연한 눈빛을 보며 망설임 없이 대답했다. "자격증이요? 당장 그런 거 없어도 됩니다. 우리 회사에서 일하고 싶으면 일단 한 번 오십시오. 오셔서 현장 바닥부터 직접 구르며 일해보고, 나중에 정말 자격증을 따고 싶어지면 그때 일하면서 준비해도 절대 안 늦습니다. 당장 내일부터 우리 회사로 출근하십시오."

서류 전형도, 면접도 없었다. 나는 오직 끝까지 남아 쓰레기를 치우던 그 '태도' 하나만 보고 그를 다음 날 바로 채용했다. 물론 "공짜로 일하겠다"는 그 친구의 간절한 우스갯소리를 진짜로 받아들여 열정 페이를 강요하는 치사한 짓은 하지 않았다. 나는 그에게 다른 신입 직원들과 완벽하게 똑같은 정당한 급여를 쥐여주며 정식 직원으로 현장에 투입했다. 그리고 얼마 뒤, 이 친구의 남다른 '기회 포착 능력'을 엿볼 수 있는 결정적인 사건이 하나 터졌다.

최근 나는 사업가들을 대상으로 매주 주말마다 '인테리어 비즈니스 크루(IBC)'라는 컨설팅 프로그램을 진행하고 있다. 참가비만 1,000만 원에 달하는 고가의 프리미엄 과정이다. 이 과정을 운영하다 보니 주말 동안 현장 진행과 잡무를 도와줄 '조수'가 한 명 필요했다. 당연히 주말을 통째로 반납해야 하고 온갖 잔심부름을 도맡아야 하는 귀찮은 자리다. 그래서 회사에 해당 과정을 도와줄 조수를 구한다고 공지했을 때, 가장 먼저 손을 들고 자원한 사람이 바로 그 26살 막내 직원이었다.

자, 여기서 일반적인 직장인들이나 평범한 사람들의 시선으로 이 상황을 보자. "와, 주말에 쉬지도 못하고 굳이 회사에 나가서 대표 시다바리를 한다고? 진짜 피곤하게 산다." 열에 아홉은 이렇게 비웃으며 워라밸을 챙기러 떠날 것이다. 그들의 눈에 조수 자리는 그저 '돈 안 되는 주말 특근'이자 '귀찮은 잔심부름'일 뿐이다.

하지만 그 직원의 눈에는 그 자리가 어떻게 보였을까? 그는 돈 한 푼 내지 않고, 오히려 조수 역할을 핑계 삼아 대한민국 최상위 비즈니스맨들의 인사이트와 1,000만 원짜리 강의를 코앞에서 통째로 흡수하고 있는 것이다. 어깨너머로 수백억을 움직이는 사람들의 아비투스와 사업 노하우를 매주 주말마다 공짜로 배우고 있다. 남들은 돈을 줘도 못 얻는 압도적인 혜택을, 그는 스스로 자원해서 챙겨 먹고 있는 셈이다. 이 친구가 30살이 되었을 때, 주말에 넷플릭스나 보며 쉬던 또래들과 비교해 어떤 괴물로 성장해 있을지 상상해 보라. 아마 업계를 날아다닐 것이다.

대부분의 사람들은 "나도 부자가 되고 싶다", "나도 성공하고 싶다"고 입버릇처럼 말한다. 하지만 정작 그들은 진짜 기회가 코앞에 떨어져도 그것을 알아보지 못한다. 왜냐고? 기회는 절대 "제가 당신의 인생을 바꿔줄 기회입니다"라는 화려한 이름표를 달고 찾아오지 않기 때문이다. 기회는 항상 귀찮은 잡무의 얼굴을 하고 있거나, 남들이 쳐다보지도 않는 더러운 쓰레기 밑에, 혹은 고단함 속에 웅크리고 있다. 게으르게 살면서 부자처럼 살기를 바라는 자들은, 누군가가 뼈를 깎는 고통으로 겨우 얻어낸 쟁취물을 아무런 대가 없이 거저 얻어먹으려고만 든다. 그러니 평생 제자리를 맴도는 것이다.

스펙이 없다고, 자본이 없다고 세상 탓을 하기 전에 당장 거울을 보고 당신의 태도부터 점검하라. 남들이 기피하는 자리에서 기꺼이 조수를 자처할 깡과 영리함이 있다면, 당신은 이미 상위 0.1%의 판에 들어갈 가장 완벽하고 강력한 스펙을 갖춘 것이다.

3
장

영향력의 자본화:

결국 내 이름 석 자가 가장 비싼 담보물이다

당장의 10억을 걷어차라: 영업이익 8% 상한선이 만든 파괴력

내가 지금까지 연매출 100억 돌파, 수백억 대 자산가들과의 네트워킹, 하이엔드 브랜딩 등 화려한 성공 스토리들을 늘어놓았지만, 계속 이야기한 것처럼 오해하지 마라. 우리 사업이 절대 노력 없이 365일 내내 폭발적으로 잘되는 것은 절대 아니다. 나 역시 당장 내일의 생존을 위해 매일 밤 머리를 쥐어뜯으며 치열하게 고민하고, 위기 앞에서 끊임없이 흔들리는 한 명의 위태로운 사업가일 뿐이다.

사업을 하다 보면 위기는 마치 계절처럼 주기적으로 찾아온다. B2B(기업 간 거래) 시장은 한 번 뚫어놓으면 꾸준히 파이프라인이 굴러가지만, 우리가 메인으로 삼고 있는 B2C(기업과 소비자 간 거래) 시장은 완전히 다르다. 매번 새로운 고객이 우리의 가치를 알아보고 직접 찾아와 주어야만 회사가 돌아가는 잔혹한 구조다.

실제로 최근 우리 회사에 아주 서늘한 위기가 닥쳤다. 불과 2년 전만 해도 아울디자인이 선도하던 하이엔드 인테리어 시장에 뛰어난 경쟁 업체들이 우후죽순 생겨났다. 고객들의 선택지가 많아지고, 엎친 데 덮친 격으로 건설 경기 침체까지 맞물리며 회사로 들어오는 일의 양이 예전 대비 무려 20%나 뚝 떨어져 버렸다. 반면 회사의 덩치가 커지면서 직원은 훨씬 더 많이 늘어난 상태였다. 매달 나가야 하는 고정비는 눈덩이처럼 불어났는데, 곳간으로 들어오는 곡식은 줄어들고 있는 명백한 적신호였다.

보통 이런 위기가 닥치면 이름값이 좀 있는 대표들은 얄팍한 유혹에 빠진다. "우리가 유튜브 트래픽도 압도적이고 브랜드 인지도도 1등이잖아? 들어오는 손님 숫자가 줄었으면, 한 명한테 마진을 왕창 남겨서 부족한 매출을 메꾸자. 어차피 우리 이름값 보고 오는 거니까 비싸게 불러도 계약할 거야."

이것이 바로 자기가 쌓아 올린 '영향력'을 가장 천박하게 갉아먹는 최악의 악수(惡手)다. 나는 그렇게 당장의 이익을 쥐어짜는 대신, 회사의 실무를 뛰고 있는 디자이너와 직원들의 목소리에 귀를 기울였다.

"대표님, 지금 시장 상황에서 우리 회사의 단가가 고객들에게 다소 무겁게 느껴질 수 있습니다. 당장 회사의 영업이익을 과감하게 줄여서라도 계약의 허들을 낮추고 회사를 굴려야 합니다. 그렇게 새로운 도전을 하고 혁신적인 레퍼런스 작품들을 쏟아내야만 우리 회사의 미래가 열릴 것 같습니다."

직원들이 대표인 나에게 당당하게 '회사 이윤을 깎자'고 조언한 것이다. 나는 이 뼈아픈 조언을 1초의 망설임도 없이 수용했다. 만약 대표가 직원들의 직언을 묵살하고, 옆에서 "대표님 방식이 다 맞습니다, 잘하고 계십니다"라는 달콤한 아부만 듣는다면 그 회사는 이미 망한 것이나 다름없다. 나는 직원들의 의견을 바탕으로 회사의 영업 정책을 완전히 뒤엎는 파격적인 결단을 내렸다.

바로 '영업이익 8% 상한선'이라는 제한을 도입한 것이다.

우리는 아무리 공사 규모가 크고 브랜드 프리미엄이 붙더라도, 전체 공사 금액에서 회사가 가져가는 순수 영업이익이 8%를 넘지 못하도록 시스템으로 못을 박아버렸다. 영업이익 8%는 회사를 유지하기 위한 최소한의 마지노선이다.

"대표님, 그래도 명색이 1등 업체인데 마진을 너무 박하게 가져가는 거 아닙니까? 10%, 15% 남겨도 충분할 텐데 당장 손에 쥘 수 있는 수십억을 왜 걷어차십니까?"

주변에서는 바보 같은 짓이라고 수군거렸다. 하지만 내 철학은 확고하다. 영업이익이 8%를 넘어가는 순간, 그것은 고객에게 '과도한 비용'을 전가하는 방식이자 스스로 경쟁력을 깎아 먹는 행위라고 판단했다. 나는 고객이 지불한 피 같은 돈이 회사의 배를 불리는 마진으로 빠져나가는 대신, 온전히 '고객의 집'을 위한 최고급 자재와 완벽한 마감 퀄리티, 그리고 끈질긴 AS 비용으로 100% 투입되어야 한다고 믿는다.

유튜브로 유명해지고 남들보다 트래픽이 터진다고 해서, 그 인지도를 무기 삼아 비싸게 장사하는 것은 고작 '1년짜리 마인드'다. 인플루언서들이 이름값으로 반짝 비싸게 팔아먹고 논란이 터지면 소리 소문 없이 사라지는 것과 똑같다. 하지만 나는 1~2년 장사하고 엑시트할 생각이 없다. 앞에서 이야기했던 백반집, 생선구이집처럼 10년, 20년, 30년 동안 이 시장에서 살아남는 '지속 가능한 기업'을 만드는 것이 내 목표다. 그러려면 당장의 10억, 20억짜리 마진을 기꺼이 걷어차고, 고객에게 "아울디자인은 절대 눈탱이 치지 않고 받은 돈을 오롯이 내 공간에 쏟아부어 주는 진짜 브랜드구나"라는 신뢰를 얻어내야만 한다.

이 8%의 법칙이 도입된 후, 우리 회사에 상담을 온 고객들은 견적서를 받아 들고 하나같이 똑같은 반응을 보인다. "어? 아울디자인은 유튜브에서도 제일 유명하고 집 퀄리티도 압도적이라서 엄청 비쌀 줄 알았는데… 생각보다 되게 저렴하네요?"

그때 우리는 고객의 눈을 똑바로 보며 자신 있게 대답한다. "비싼 줄 아셨습니까? 저희는 고객님 눈속임해서 마진 남기는 장사 안 합니다. 회사 영업이익은 8%로 철저히 제한하고, 남은 비용은 전부 고객님의 공간 퀄리티와 사후 관리에만 미친 듯이 쏟아붓는 것이 저희 아울디자인의 절대적인 정책입니다."

이 말 한마디에 고객의 눈빛은 거의 맹신으로 바뀐다. 수천만 원, 수억 원이 오가는 관계에서, 이보다 더 강력하고 파괴력 있는 영업 멘트가 존재할까?

당신이 만약 운이 좋거나 피나는 노력으로 시장에서 영향력을 얻었다면, 명심해라. 그 이름값은 고객에게 바가지를 씌워 당장의 주머니를 불리는 용도로 쓰는 것이 아니다. 내가 가진 영향력을 담보로 내어놓고, 내 이익을 깎아 고객에게 압도적인 퀄리티를 돌려줄 때, 비로소 당신의 영향력은 평생 마르지 않는 수백억짜리 진짜 자본으로 치환된다. 당장 눈앞에 아른거리는 10억을 기꺼이 발로 걷어차라. 당신이 걷어찬 그 돈이, 훗날 100년 넘게 기업을 지탱하는 가장 단단한 주춧돌이 되어줄 것이다.

연봉 1억보다 강력한 미끼: 에이스가 절대 퇴사하지 않는 조직의 비밀

내 기준으로는 회사가 연매출 100억을 넘기고 330억을 향해 달려가다 보니, 대표 혼자서 북 치고 장구 치는 영웅 놀이는 끝이 났다. 그리고 이때부터 회사의 진짜 영향력은 대표의 입이 아니라, 현장과 사무실을 지키는 에이스, '일잘러 직원'들의 손끝에서 나왔다. 그러니 내게 있어 가장 중요한 VVIP 고객은 다름 아닌 우리 회사의 직원들이다.

그렇다면 어떻게 해야 능력 있는 에이스들이 다른 회사로 도망가지 않고 내 배, 우리 회사에 타서 노를 젓게 만들까? 흔히들 "연봉 1억 주면 충성하겠지"라고 아주 1차원적인 착각을 한다. 천만의 말씀이다. 처음 8천만 원, 1억 원을 쥐여주면 잠깐은 고마워하겠지만, 결국 인간은 그 숫자에 금방 익숙해진다. 돈만으로 묶어둔 에이스는 더 많은 돈을 부르는 경쟁사가 나타나면 뒤도 안 돌아보고 떠난다.

에이스가 제 발로 미친 듯이 일하게 만드는 조직의 첫 번째 비밀은, 그들을 'RPG 게임의 주인공'으로 대우하는 것이다.

인간은 누구나 자기가 자기 인생의 엑스트라가 아니라 '주인공'이 되고 싶어 하는 강렬한 욕망이 있다. RPG 게임의 대명사인 리니지를 할 때 사람들이 왜 열광하며 밤을 새우는가? 게임 속 세계에서만큼은 내가 주인공이기 때문이다. 사냥을 해서 강한 검을 얻고, 레벨업을 하면 더 수준 높은 사냥터로 이동하고, 거기서 더 센 몬스터를 잡으면 희귀 아이템과 보상이 떨어진다.

나는 우리 직원들에게 주인의식을 가지라고 꼰대처럼 훈계하지 않는다. 대신, 그들이 더 비싼 공사, 더 난이도 높은 프로젝트라는 '좋은 사냥터'에 입장할 수 있게 판을 깔아준다. 거기서 압도적인 퍼포먼스로 몬스터를 때려잡고 이익을 남겨오면, 몸값을 그에 맞춰 올려주고 스톡옵션을 부여하는 등의 방식으로 짜릿한 '베네핏'을 쥐여준다. 매너리즘에 빠질 틈 없이 다음 스테이지의 챌린지를 계속 열어주는 것, 이것이 에이스들의 심장을 뛰게 하는 회사의 진짜 미션이라고 생각한다.

물론 회사가 급성장할 때 흔히들 '외부에서 영향력 있는 A급 인재를 비싼 돈 주고 수혈해 오자'는 유혹에 빠진다. 당연히 외부 인재 수혈도 좋은 방법일 수 있다. 하지만 내 경험상, 그들이 우리 조직의 문화를 이해하고 섞여서 진짜 퍼포먼스를 내기까지는 무조건 긴 시간이 필요하다. 그래서 나는 내부에서 태도가 좋은 직원을 발굴해 키우는 것이 베스트라고 믿는다. 태도가 좋은 직원들은 머리가 조금 나빠도 실패를 딛고 계속 시도하고 행동하며 결국 우상향하기 때문이다. 그렇다면 여기서 누군가는 내게 되물을 것이다. "대표님, 태도를 그렇게 강조하시면서 정작 회사의 KPI(핵심성과지표) 평가는 왜 매출(정량) 90%, 근태와 태도(정성) 10%입니까? 모순 아닙니까?"

전혀 아니다. 비즈니스 판에서 진짜 훌륭한 '태도'는 결국 90%의 압도적인 숫자로 튀어나오기 때문이다. 나는 윗사람에게 싹싹하게 굴고 인사 잘하는 얄팍한 '가짜 태도'에 점수를 후하게 줄 생각이 없다. 실패를 딛고 끝까지 물고 늘어지는 진짜 독기와 태도를 가진 직원은, 반드시 90%의 비율에 해당하는 정량 평가(매출과 아웃풋)에서 압도적인 숫자를 찍어내며 자신의 가치를 증명한다.

이 투명하고 철저한 지표 덕분에 업무를 잘하는 사람과 못하는 사람이 숫자로 명확하게 갈리고, 꾸준히 우상향하는 성장의 과정도 눈에 또렷하게 보인다. 과거에는 내가 직원을 감으로 보고 판단했다면, 이제는 이 철저한 데이터가 그들의 진짜 태도를 증명해 주기에 파격적인 인센티브를 줘도 조직 내부에 비교적 반발이 없다.

이렇게 현장에서 매일 영업이익을 남기며 숫자로 자신을 증명해 낸 에이스들은 사무실로 데려와 본격적인 다음 찬스를 준다. 상담부터 디자인, 시공, 최종 고객 관리까지 인테리어의 A to Z를 모두 통제하는 'PM(Project Manager)'의 권한을 쥐여주는 것이다.

물론, 주인공으로 선발된 에이스들이 마음껏 뛰어놀게 하려면, 두 번째로 대표의 강력한 시스템이 뒷받침되어야 한다.

사람의 본성은 철저하게 그가 속한 환경과 문화로부터 나온다. 사업 초기, 우리 회사 역시 고객과의 소통 창구가 중구난방이었다. 새벽 1시를 가리지 않고 카카오톡이 쏟아졌고, 책임감이 강한 에이스일수록 고객을 응대하느라 멘탈과 체력이 갈려 나갔다. 컨디션 관리가 안 되니 아웃풋은 엉망이 됐다.

나는 이 악순환을 끊기 위해 단호하게 칼을 빼 들고 '매뉴얼'을 도입했다. "우리 회사의 고객 응대는 평일 오전 9시부터 오후 6시까지만 진행됩니다. 심야와 주말엔 일절 연락을 받지 않습니다." 결과는 대성공이었다. 명확한 룰을 공지하자 고객들은 우리를 더 전문적인 집단으로 리스펙트했고, 직원들은 '대표가 비합리적인 스트레스로부터 우리를 완벽하게 보호해 준다'는 신뢰를 얻었다. 퇴근 후의 삶을 보장받은 에이스들은 근무 시간 동안 폭발적인 에너지를 뿜어냈다. 두려움 없는 조직, 직원을 보호하는 안전한 시스템이 최고의 퍼포먼스를 유발한 것이다.

세 번째 비밀은, 이들의 시야를 틔워주기 위해 내 돈을 펑펑 쓰며 '상위 0.1%의 아비투스'를 강제로 떠먹여 주는 것이다.

앞에서의 경험들을 바탕으로 나, 대표의 시야만 높아진다고 회사가 크는 게 아니다. 직원의 눈높이가 함께 높아져야 회사가 퀀텀 점프를 한다. 우리는 평당 수백만 원짜리 인테리어를 파는 회사다. 여기서 끝이 아니다. 우리가 뜯어고치는 집들 중에는 매매가만 평당 1억~2억 원을 훌쩍 넘기는 최상위 공간들이 수두룩하다.

그런데 정작 공간을 설계하는 직원이 평생 월세방에 살고 경험의 깊이가 없다면, 1평에 1~2억 원을 태우는 VVIP 고객의 깐깐한 취향과 공간의 밀도를 쉽게 이해할 수 있을까? 절대 불가능하다. 최상의 것을 팔아내고 그들의 완벽한 삶을 설계하려면, 공간을 짓는 본인이 먼저 그 최상의 디테일을 뼈저리게 경험해 봐야만 한다.

나는 퍼포먼스가 좋은 직원들에게 기꺼이 5성급 최고급 호텔 숙박권을 쥐여주고, 수백만 원짜리 명품을 선물하며 접대를 받게 해준다. 최근 이탈리아 밀라노 출장 때는 1인당 1,000만 원씩 드는 경비를 전액 회삿돈으로 대며 직원 4명을 데리고 갔다. 최고급 호텔의 로비를 걸어 들어가 함께 압도적인 공간의 비례감을 느끼고, 명품 매장에서 VIP 대우를 받으며 명품 구매 여정의 디테일을 온몸으로 흡수하게 만들기 위해서였다.

이 파격적인 문화를 피부로 겪고 돌아온 4명은 회사를 위해 목숨을 걸고, 한국에 남아있는 다른 직원들은 "나도 미친 듯이 하면 저런 대우를 받을 수 있구나"라며 맹렬한 꿈을 꾸게 된다.

자, 이쯤 되면 쪼잔한 대표들은 하나같이 이런 걱정을 한다. "대표님, 그렇게 1,000만 원씩 들여서 해외 연수시켜주고 기술 다 가르쳐 놨는데, 쏙 빼먹고 퇴사해서 창업해 버리면 완전 손해 아닙니까?"

나는 그런 소리를 들을 때마다 코웃음을 친다. 우리 회사에서 성장해 나간 에이스가 독립하겠다고 할 때, "배신자 새끼, 그래 꺼져라"라고 저주를 퍼붓는 것은 하수 중의 하수다. 대표가 그렇게 옹졸하게 구는 순간, 남아있는 직원들은 '아, 이 회사는 이유야 뭐가 되었든, 나갈 때 저렇게 내쳐지는구나'라며 노 젓던 손에 힘을 다 빼버린다.

에이스가 내 배에서 내려 독립하겠다고 선언하면, 나는 오히려 그를 위해 작고 튼튼한 '구명정'을 하나 직접 지어준다. 우리 회사가 가진 창업 매뉴얼을 아낌없이 넘겨주고, 밖에서 자리 잡을 수 있도록 인프라를 도와준다.

그렇게 내 축복과 지원을 받으며 독립한 직원이 과연 밖에서 나를 욕할까? 절대 아니다. 그들은 업계에 나가 "나도 아울디자인 박치은 대표 밑에서 제대로 배웠다"라며 나의 가장 훌륭한 홍보대사가 된다. 명절 때마다 양손 무겁게 비싼 술을 들고 찾아와 안부를 묻는 평생의 내 사람, 든든한 업계의 파트너가 되는 것이다.

에이스를 곁에 두고 싶은가? 그들을 단순한 부속품이 아닌 게임의 완벽한 주인공으로 만들어라. 투명한 숫자로 압도적인 보상을 쥐여주고, 그들의 시야를 틔워주며, 그들이 떠날 때 기꺼이 구명정을 내어주어라. 이 압도적인 기버의 룰을 조직 관리에 적용하는 순간, 당신의 회사라는 배는 절대 가라앉지 않는 업계 최고의 항공모함이 될 것이다.

나에게 칼을 꽂은 직원을
조용히 덮어준 진짜 이유

앞서 내가 에이스 직원들을 어떻게 대우하고 키워내는지, 그들과 어떻게 끈끈한 구명정까지 내어주며 관계를 맺는지 이야기했다. 하지만 사업이라는 전쟁터가 늘 아름다운 미담과 의리로만 굴러가는 것은 아니다. 내가 모든 것을 내어주고 진심으로 믿었던 사람에게, 등 뒤에서 뼈아픈 칼을 맞는 순간도 반드시 찾아온다.

회사가 한창 성장 가도를 달리던 무렵이었다. 바닥에서부터 나와 함께 구르며 정말 많은 기회를 얻었고, 내가 전적으로 신뢰하던 직원이 하나 있었다. 그런데 어느 날, 그가 회사에 치명적인 해를 끼치는 아주 부정한 일을 저지르고 있다는 사실을 알게 되었다. 단순한 업무 실수가 아니었다. 명백한 배신이자, 선을 크게 넘은 행동이었다.

나는 즉시 모든 증거 자료를 수집했고 변호사와 법적 조치를 논의했다. 그대로 경찰에 넘겨 형사 고소를 진행했다면, 그는 실형을 피하기 어려운 무거운 처벌을 받았을 것이다.

대표로서 이성적이고 냉정하게 판단하면 답은 정해져 있었다. 조직은 감정이 없는 유기체다. 수많은 직원들의 생계와 책임이 달려 있는 이 거대한 배를 이끌려면, 썩은 부위는 가차 없이 도려내야 한다. 다시는 조직 내에 이런 부정한 일이 발생하지 않도록, 모든 직원이 보는 앞에서 아주 엄격하고 단호하게 '본보기'를 보여야만 했다. 머리로는 당장 칼을 휘둘러야 한다고 수백 번도 넘게 되뇌었다. 법적 세팅도 이미 다 끝난 상태였다.

나는 그를 조용히 방으로 불렀다. 증거 자료들을 책상 위에 올려두고 그와 마주 앉았다. "네가 잘못한 게 있다면, 지금 다 솔직하게 이야기해라. 그러면 내가 다 용서해 주겠다."

처음에는 잡아떼던 그도, 내 단호한 태도와 자료들 앞에서 결국 고개를 푹 숙이고 모든 것을 실토했다. 나는 그를 매섭게 질책하면서도, 한편으로는 가슴이 답답해져 오는 것을 느꼈다. "너, 그동안 밤에 잠은 편하게 잤냐? 마음 편하지도 않을 짓을 도대체 왜 한 거냐. 네가 나한테 솔직하게 도와달라고, 필요하다고 말했으면 내가 안 해줬겠냐?"

그의 숙인 정수리를 바라보는 순간, 법과 원칙을 집행해야 할 대표의 머릿속에 그동안 함께 동고동락했던 '인간적인 정'이 비집고 들어와 버렸다. 그를 감옥에 보내고 인생에 빨간 줄을 긋게 만드는 것이, 과연 이 상황에서 내가 할 수 있는 최선일까. 결국 나는 그가 스스로 회사를 떠나는 선에서 모든 일을 조용히 덮어주기로 결정했다. 형사 고소도, 본보기를 위한 징계도 진행하지 않았다.

이 사건은 내가 사업을 시작한 이래, 회사의 이익과 조직의 기강이라는 냉정한 잣대가 아니라 인간적인 감정을 앞세워 판단했던 거의 첫 번째 사례였다. 누군가는 내 결정이 조직 관리 차원에서 명백한 실패이자 물러터진 대표의 뼈아픈 패착이라고 비판할 것이다. 나 역시 그 비판을 부정하지 않는다. 비즈니스의 세계에서 사람은 사람으로 대하되, 회사의 룰은 철저히 감정을 배제하고 기계처럼 집행하는 것이 맞다.

하지만 리더의 자리라는 것이 그렇다. 매 순간 완벽하게 차가운 AI처럼 숫자와 법대로만 베어낼 수는 없는 노릇이다. 가끔은 내가 쌓아 올린 원칙이 인간적인 고뇌 앞에서 무너져 내리는 뼈아픈 경험을 하고, 그 상처를 혼자 쓰리게 삼켜내야만 한다.

그 사건 이후, 나는 사람을 향한 믿음과 조직을 지키는 시스템을 철저하게 분리하는 법을 배웠다. 직원을 100% 믿고 그를 위해 모든 기회를 내어주되, 그가 딴마음을 품었을 때 원천적으로 사고를 칠 수 없도록 권한과 프로세스를 정교하게 통제하는 것. 배신당한 상처를 붙잡고 인간에 대한 회의감에 빠지는 대신, 나는 내 조직의 그물망을 더 촘촘하고 차갑게 조이는 쪽을 택했다.

내가 굳이 리더로서 겪은 뼈아픈 흉터와 치열한 조직 관리의 이면을 이렇게 솔직하게 털어놓는 이유야 물론 있다. 어느 순간부터 내 이름 석 자와 우리 회사가 내 주변, 그리고 세상에 미치고 있는 영향력의 거대한 무게에 대해 한 번쯤은 꼭 이야기해 보고 싶었기 때문이다. 이제 나는 나 혼자 밥그릇을 챙기고 잘 먹고 잘사는 단계를 지났다. 나의 무모한 결단 하나가 내 주변 사람들을 움직이고, 나아가 업계 전체의 판을 뒤흔드는 그 무거운 영향력 말이다.

이 거대한 파급력이 현실 비즈니스 판에서 어떻게 작동하는지, 나의 가장 미련하고 무모했던 베팅 하나를 예로 들어 보겠다.

5억을 허공에 날린 미친 짓이
업계 표준을 통째로
바꿔버린 사연

사업가에게 5억 원이라는 돈은 피와 땀의 결정체다. 그 큰 돈을 생판 남의 집을 고쳐주는 데 대가 없이 쓰겠다고 하면, 십중팔구는 "돈 자랑할 데가 그렇게 없냐"며 미친놈 취급을 할 것이다. 하지만 나는 기꺼이 그 미친 짓을 실행에 옮겼고, 허공에 날린 줄 알았던 그 5억 원은 거대한 나비효과를 일으켰다. 책에도 빈번하게 등장했던, 유튜브판 '러브하우스'. 아울디자인을 여기까지 끌고 온 컨텐츠다.

시작은 아주 솔직한 고민에서 출발했다. 회사가 성장하면서 '남들과 완벽하게 차별화된 마케팅이 무엇이 있을까?'를 고민하던 시기였다. 평소 알고 지내던 '휴먼스토리' 채널의 동생 도운이가 내게 툭 던진 조언이 발단이 되었다. "형님, 진짜 제대로 된 브랜딩을 하고 싶으시면 유튜브판 러브하우스를 한 번 해보세요. 형님의 기술력으로 누군가의 삶을 바꿔주는 겁니다."

나는 그 제안을 듣자마자 직관적으로 판을 벌렸다. 사연을 받아 열악한 환경에 사는 분들의 집을 전액 무료로 고쳐주는 프로젝트였다. 처음에는 우리 채널에서 시작했지만, 나중에는 KBS 방송 '일꾼의 탄생'과 협업도 진행하며 대규모 프로젝트로 판이 커졌다. 이 과정에서 우리 회사가 순수하게 쏟아부은 기부액만 5~6억 원에 달했다.

어떤 이들은 "결국 마케팅 비용으로 5억 쓴 거 아니냐"고 비아냥거릴지 모른다. 맞다. 처음엔 마케팅의 일환으로 기획한 것이 사실이다. 하지만 현장에서 집이 고쳐지는 과정을 지켜보고, 완전히 뒤바뀐 공간에서 눈물을 흘리며 고마워하는 사람들의 손을 맞잡는 순간, 내 안의 무언가가 근본적으로 박살 나는 것을 느꼈다.

예전에 우리가 집을 고쳐주었던 7남매가 사는 집이 있다.

프로젝트가 끝난 지 한참이 지났지만, 나는 여전히 종종 치킨들을 양손 무겁게 사 들고 그 집으로 직접 찾아간다. 아이들이 왁자지껄 모여앉아 치킨을 먹으며 환하게 웃는 모습을 보고, 그 가족들과 따뜻한 인사를 나눌 때마다 나는 사업이라는 것이 결국 사람 사는 일이며, 비즈니스의 끝에는 결국 사람의 마음이 남는다는 진리를 온몸으로 배운다. 나는 5억을 허공에 날린 것이 아니라, 내 평생을 지탱해 줄 '영향력'과 '사람'을 얻은 것이다. (앞서 영림 회장님과의 인연이 시작된 것도 바로 이 러브하우스 1회차 덕분이었다.)

진짜 소름 돋는 기적은 '2회차 러브하우스' 프로젝트를 준비할 때 터졌다. 나는 두 번째 프로젝트를 기획하면서, 이번에는 우리 회사 단독으로 하지 않고 업계 사람들과 선한 영향력을 나누고 싶었다. 그래서 유튜브 커뮤니티에 "이번 무료 봉사에 철거를 도와주실 분들을 모집합니다"라는 공지를 올렸다.

무보수로 중노동을 해야 하는 일이다. 나는 기껏해야 서너 명 오면 다행이겠거니 생각했다. 그런데 인터뷰 당일, 내 눈을 의심했다. 무려 100개에 달하는 철거 및 인테리어 업체 대표들이 전국에서 생업을 제쳐두고 몰려든 것이다. "1조 철거 지원합니다!" "2조 지원합니다!" 그들은 기꺼이 자신의 땀을 무상으로 보태겠다며 팔을 걷어붙였다.

나는 그 100명의 대표들과 한자리에 모여 이야기를 나누었다. 대화의 주제는 자연스럽게 인테리어 업계가 안고 있는 곪아 터진 문제들로 옮겨갔다. "박 대표님, 우리 업계가 언제까지 이렇게 주먹구구식으로 돌아가야 합니까. 고객들에게 사기 치는 야매 업체들 때문에 정직하게 일하는 우리까지 욕을 먹습니다. 우리의 권익을 보호하고 산업을 정화할 구심점이 필요합니다."

그들의 절박한 목소리를 듣는 순간, 나는 결단했다. "그럼 우리, 이 자리에서 그 구심점을 만듭시다. 우리를 보호하고 업계 표준을 바꿀 단체를 세웁시다."

그렇게 선의가 마중물이 되어 모인 그 봉사 현장에서, 대한민국 인테리어 산업을 뒤흔들 '한국인테리어디자인협회(KAID)'가 창설되었다.

시작은 뜻을 함께한 100명의 철거 및 인테리어 업체였지만, 지금 우리 협회는 350개의 회원사를 거느린 거대한 조직으로 성장했다. 협회 회원사들의 연매출을 다 합치면 무려 7,000억 원에 달하며, 그 안에는 매출 100억이 넘는 알짜 기업도 5개나 포함되어 있다.

이 거대한 선의의 연대가 구축되자, 놀라운 일들이 벌어지기 시작했다. 삼성전자, KCC, 영림, 구정마루 같은 대한민국 굴지의 대기업들과 제휴를 맺은 것이다. 지금 우리는 이 대기업들의 후원과 협력을 바탕으로 매년 인테리어 산업 교육을 진행하고, 최신 트렌드를 업데이트하며, 양질의 인재를 양성하고 있다.

내가 혼자서 100억짜리 회사를 경영할 때는 감히 상상도 못 했던 일이다. 그저 누군가의 집을 공짜로 고쳐주고 싶다는 순수한 마음 하나로 던진 5억 원이, 100명의 연대를 끌어내고, 7,000억 원 규모의 협회를 탄생시키고, 대기업을 움직여 업계의 표준을 통째로 바꿔버린 것이다.

나는 이 일련의 기적 같은 과정들을 겪으며 세상이 돌아가는 아주 명확한 규칙 하나를 깨달았다. "손바닥으로 하늘을 가릴 수 없다. 내가 진심으로 선행을 베풀면, 세상은 반드시 그 이상의 기회로 나에게 보답한다."

이 믿음이 확고해지자, 나는 내 삶과 비즈니스의 기준을 스스로에게 엄청나게 엄격하게 들이밀 수밖에 없게 되었다. 내가 조금이라도 나쁜 마음을 먹거나 누군가를 해하는 짓을 하면, 그것 역시 나비효과가 되어 반드시 내 목을 조르러 돌아올 것을 알기 때문이다. 나는 이것을 연인 사이의 '바람'에 비유한다. 내가 밖에서 떳떳하지 못한 짓을 하고 바람을 피우면, 내 배우자 역시 똑같이 나를 배신하게 되어 있다. 세상의 에너지는 정확히 내가 뱉어낸 태도만큼 돌아오기 때문이다.

지금 당장 내 통장에 꽂히는 돈만 좇아 남의 눈에 피눈물을 내는 자들은, 반짝 돈을 벌 수는 있어도 그 업보가 1년 뒤, 10년 뒤, 혹은 다음 세대에라도 반드시 청구서로 날아온다. 하지만 지금 당장 허공에 날릴 배짱으로 세상을 이롭게 하는 쪽에 베팅한다면, 세상은 당신의 이름 석 자를 가장 비싸고 거대한 자본으로 만들어준다. 당신이 0.1%의 판에서 놀고 싶다면, 내 이익을 깎아 세상에 선한 충격을 던지는 이 '미친 짓'의 파괴력을 절대 과소평가하지 마라.

"월 천만 원 쉽게 번다"는
사기꾼들을 단번에 걸러내는 법

유튜브나 인스타그램을 켜면 심심치 않게 이런 광고가 뜬다. "하루 2시간 부업으로 월 천만 원 버는 법", "요즘 AI 시대에 월 천만 원 못 벌면 바보 아닌가요?"

솔직하게 말하겠다. 나는 이런 소리를 지껄이는 가짜 성공 팔이들을 보면 진짜 한 대 쥐어박고 싶다. 비즈니스 현장에서 매일 구르고 있는 내 입장에서 보면, 저런 말들은 그저 구독자를 끌어모으기 위한 아주 악질적이고 폭력적인 기만일 뿐이다.

통계청 자료나 현실 경제 지표를 한번 냉정하게 까보자. 대한민국에서 매달 '순수익'으로 천만 원 이상을 안정적으로 가져가는 사람은 전체 경제 인구의 상위 2~3% 남짓에 불과하다. 50대, 60대가 되어 20년, 30년 평생을 바쳐 뼈를 깎는 노력 끝에 겨우 도달하는 고지가 바로 저 월 천만 원이다. 나 역시 숱한 위기를 넘기고 남들과 다른 차원의 노력을 갈아 넣으며 7~8년이라는 긴 시간을 버틴 끝에 비로소 안정적인 수익 궤도에 올랐다.

그런데 사회에 갓 나온 20대 청년들에게, 혹은 하루하루 성실하게 직장 생활을 하는 평범한 사람들에게 "월 천만 원도 못 벌면 병신"이라는 프레임을 씌운다? 이것은 세상을, 그리고 남의 귀한 땀방울을 너무나도 우습게 아는 버러지 같은 짓이다.

세상에 쉽고 빠르게 큰돈을 버는 방법은 절대 없다. 만약 운이 좋아 단기간에 쉽게 돈을 벌었다면, 그 돈은 반드시 그보다 더 쉽게 빠져나간다. 왜냐고? 돈을 담아낼 본질과 그릇이 단단하게 만들어지지 않았기 때문이다.

그렇다면 이런 화려한 포장지를 두른 가짜와 허풍쟁이들을 어떻게 단번에 걸러낼 수 있을까? 내 감별법은 아주 간단

하다.

자신을 소개할 때 "저는 월 천만 원 법니다"라고 말하는 사람은 일단 무조건 거른다. 진짜 실체가 있는 사업가들은 절대 자기 수익을 '월 단위'로 쪼개서 자랑하지 않는다. 사업이라는 것은 매달 꼬박꼬박 월급이 들어오는 구조가 아니다. 어느 달은 2천만 원이 들어오고, 다음 달은 마이너스가 나기도 한다. 그런데 가짜들은 그중 가장 돈이 많이 들어왔던 '기적의 한 달'을 뚝 떼어내어 자신의 평균 수익인 양 포장한다. 직원들 월급, 세금, 자재비 등은 계산하지도 않은 채 그저 찍힌 매출만 보고 "나 월 천 번다"고 떠벌리는 것이다.

반면 진짜들은 이렇게 말한다. "저희 회사는 올해 연 매출을 얼마 정도 했고, 영업이익은 몇 % 정도 남기고 있습니다."

이것이 진짜 사업가다. 그들은 1년 치 성적표인 '재무제표'를 바탕으로 회사에 들어오고 나가는 돈의 흐름을 완벽하게 꿰고 있다. 재무제표를 볼 줄 모르고, 1년 기준의 영업이익이 얼마인지도 모르는 채 그저 "월에 얼마 번다"고 으스대는 사람들은 100% 껍데기뿐이다.

이걸 알고 모임에 나가보면 감으로만 사업을 떠드는 아마추어 가짜들이 수두룩하다. 겉으로는 "제 회사 연매출 n00억

입니다"라고 거들먹거리지만, 막상 그 회사의 재무제표나 자산을 까보면 실제 매출은 10억도 안 되거나, 영업이익 100억이라더니 통장에 1억도 없는 깡통인 경우가 허다하다. 외형적으로 커 보이는 화려한 껍데기에 절대 휘둘려서는 안 된다. 그 사람이 실제로 쥐고 있는 자산과 영업이익, 이 두 가지 숫자보다 명확한 진실은 없다.

이런 가짜들이 결국 처참하게 망하는 이유는 단 하나, 메타인지의 부재 때문이다. 사업이 망하는 핵심은 '적을 알고 나를 알아야' 하는데, '적'만 쳐다보고 정작 진짜 '나'의 수준은 보지 못하기 때문이다. 자신이 가진 에너지는 100밖에 안 되는데 1,000이라고 착각하고 덤비니 100% 깨지고 망해가는 것이다. 나를 객관적으로 파악하는 능력이 없으니, 당장 통장에 천만 원이 들어오면 자기가 대단한 부자라도 된 줄 착각한다. 그러다 모임에 나가 연매출 100억, 1,000억을 하는 진짜 자산가들을 만나면, 그들의 소비 수준을 무리해서 따라가려 든다. 뱁새가 황새를 따라가다 가랑이가 찢어지는 꼴이다.

그 화려한 소비(흔히 보이는 명품, 외제차, 오마카세…)를 유지하려면 어떻게 해야 할까? 결국 자기 회사의 직원을 쥐어짜고, 고객에게 바가지를 씌워 이윤을 착취하는 악순환에 빠지게 된다. 고객과 직원을 등친 기업이 과연 오래갈 수 있을까? 절대 불가능하다.

물론, 내가 월 천만 원에 대해서 부정적인 이야기를 했다고 해서, 시중에 나와 있는 수백만 원짜리 고액 비즈니스나 파이프라인 만들기, 부업 강의들이 전부 사기라는 뜻은 아니다. 실제로 밑바닥부터 압도적인 결과를 증명해 낸 진짜 고수들의 강의는, 그 이상의 돈을 지불하고서라도 들을 가치가 충분하다. 강의의 가치를 가르는 유일한 기준은 바로 실체다. 대부분의 가짜 강사들은 자기가 직접 부딪혀보지도 않고 그저 책에서 읽은 그럴듯한 텍스트들이나 자신이 들었던 강의들을 다시 짜깁기해서 떠든다. 경험이 없으니 당연히 수강생이 직면한 진짜 문제에 해답을 주지 못한다. 반면 진짜 고수들은 수많은 실패와 리스크 관리를 온몸으로 뚫고 얻어낸 진짜 경험에서 나오는 데이터를 판다.

나는 여전히 대한민국의 '비즈니스 에듀케이션' 시장이 미국이나 중국 같은 거대한 국가들에 비해 턱없이 작고 기형적이라고 생각한다. 우리나라는 좋은 대학에 가기 위한 1타 강사의 '수능 강의'에는 수백, 수천만 원을 아낌없이 쏟아부으면서, 정작 사회에 나와 수백억을 주무르는 진짜 사업가가 되기 위한 '실전 비즈니스 강의'는 아까워한다. 만약 화려한 껍데기가 아니라 자신의 진짜 경험과 뼈아픈 인사이트를 세상에 낱낱이 풀어줄 수 있는 멘토가 있다면, 그 강의는 수백만 원이 아니라 수천만 원의 가치가 있다. 당신의 지갑은 바로 그런 진짜 경험을 살 때만 열려야 한다.

그러니, 화려한 숫자로 당신을 현혹하는 가짜들을 당신의 인생에서 먼저 쳐내라. "쉽게 돈 버는 법"을 떠드는 자들의 헛바닥을 경계하고, 묵묵히 1년 치 재무제표와 영업이익을 관리하며 본질을 다지는 진짜들을 곁에 두어라. 명심하라. 비즈니스는 결코 한 달짜리 단거리 100m 달리기가 아니라, 수십 년을 버텨내야 하는 100만 킬로미터짜리 거대한 마라톤이다.

거북이가 토끼를 이기는
유일한 방법

우리가 어릴 적부터 수백 번은 들었던 이솝 우화 '토끼와 거북이'를 모르는 사람은 없을 것이다. 거북이는 느리지만 끈기 있게 걷고, 토끼는 자만해서 낮잠을 자다가 결국 거북이가 승리한다는 아주 뻔하고 교훈적인 이야기다.

하지만 피가 튀는 현실 비즈니스 생태계에서 토끼가 멍청하게 낮잠을 자는 일은 거의 없다. 타고난 지능과 감각을 가진 천재, 토끼들은 1~2km 단거리 레이스에서 평범한 사람(거북이)을 압도적인 격차로 박살 내버린다.

아무래도 나도 사람이다 보니, 가끔 주변 대표들과 "머리 좋지만 게으른 놈과, 머리 나쁘지만 성실한 놈 중 누구를 뽑겠는가?"라는 밸런스 게임을 할 때가 있다. 나는 1초의 망설임도 없이 후자를 택한다. 나 스스로가 타고난 천재가 아니라 지독하게 성실한 거북이 과이기 때문이다.

물론 인간은 동물처럼 타고난 종마다 기질이 다 다르듯, 선천적인 지능도 각자마다 다 다를 것이며, 이는 결코 무시할 수 없는 중요한 요소라고 생각한다. 하지만 솔직히 고백하자면, 나도 학창 시절 공부를 더럽게 못 했고 늘 꼴찌를 맴돌던 진짜 멍청한 학생이었다. 그럼에도 불구하고 지금 비즈니스 판에서 나는 그 누구보다 내가 똑똑하다고 자부한다. 압도적인 밀도의 경험과 피 터지는 학습이 선천적인 지능을 뛰어넘었기 때문이다. 진짜 똑똑한 사람들은 머리가 너무 잘 돌아가서 탈이다. 그들은 어떤 사업을 시작하기 전에 수만 가지 리스크를 계산하며 머릿속으로 시뮬레이션만 돌리다가, 결국 두려움에 빠져 아무런 시도도 하지 못한다. 반면 멍청해 보일 정도로 우직한 사람들은 일단 부딪히고 실행한다. 시도를 하니 '경험'이 생기고, 그 뼈아픈 경험들이 모여 '지혜'가 되며, 마침내 그 어떤 천재도 넘볼 수 없는 동물적인

'통찰력'으로 진화한다. 똑똑한 놈들은 시뮬레이션을 돌리느라 멈춰있지만, 멍청한 놈들은 실패하더라도 기어코 시도를 해낸다.

특히 20대 때는 무조건 계속 때려 박고 미친 듯이 실패해야 하는 나이라고 생각한다. 실행력이 빠를수록 실패의 데이터가 무섭게 쌓이고, 이것이 망하지 않는 방법을 깨우치는 직관으로 변환된다. 단, 여기서 끝내면 하수다. 내내 이야기한 것처럼, 이 감을 맹신하지 않고 실행하기 직전에 재무제표 같은 숫자들을 철저하게 까보며 내 직관을 한 번 더 의심하고 검증해야 한다. 이렇게 전문성과 실력을 바탕으로 리스크를 통제하면 두려움은 사라진다. 그래서 주변을 둘러보면 선천적인 천재들을 짓밟고 후천적으로 꼭대기에 도달한 사람들이 훨씬 더 많은 것이다.

그렇다면 이 평범한 거북이가 토끼를 완벽하게 이길 수 있는 진짜 비결은 무엇일까? 이것은 레이스의 거리를 '100만 킬로미터'로 늘려놓고 보면 답이 명확하게 나온다. 100만 킬로미터짜리 거대한 인생의 마라톤에서 승패를 가르는 유일한 무기는 재능이 아니라 태도가 된다.

만약 거북이가 묵묵히 길을 걸어가면서 다른 다친 동물을 돕고, 선의를 베풀고, 기버로서 좋은 평판과 진정성을 팍팍 뿌리고 다녔다고 가정해 보자. 그럼 어떤 일이 벌어질까? 어느 날 쌩 하고 지나가던 자동차가 거북이 옆에 끼익 멈춰 선다. 창문이 스르륵 내려가더니 누군가 소리친다. "어이, 거북아! 너 거기까지 언제 걸어가려고 그래? 빨리 타! 내가 단숨에 태워다 줄게." 혹은 비행기가 태워다 줄지도 모르고, 보다 못해 하늘에서 누군가 거북이의 등에 거대한 날개를 달아주어, 단 3일 만에 100만 킬로미터의 결승선에 도착하게 만들어 줄 수도 있다.

이것이 바로 내가 앞서 2장에서 내내 강조했던 '하이엔드 네트워크'이며, 세상 사람들이 말하는 '운'의 진짜 정체일 것이다. 세상 사람들은 운칠기삼(운이 7할, 기술이 3할)이라고 하지만, 나는 '운구기일(운이 9할, 기술이 1할)'이라고 믿는다. 그리고 그 거대한 운을 내 눈앞에 불러 세우는 버튼이 바로 나의 선한 태도라고 생각한다.

나는 요즘 "어떻게 하면 운이 더 잘 들어올까?"를 집요하게 고민한다. 내 결론은 하나다. 일이 안 풀리고 너무 힘들 때일수록, 역으로 무조건 선행을 베푸는 것이다. 대부분의 사람들은 선행을 1번, 2번, 10번 정도 찔끔 해보고는 포기해버린다. 하지만 100번, 1,000번을 묵묵히 돕다 보면, 나를 돕기 위해 나서는 사람들의 레벨 자체가 달라지고, 그 누구도 상상할 수 없는 완전히 다른 차원의 거대한 게임이 내 눈앞에 열린다. 반대로 남을 해하고 자기 이익만 챙기는 테이커들은 당장 바짝 돈을 벌 수는 있어도, 그 끔찍한 업보가 언제든, 내가 아니라 다음 세대에라도 반드시 청구서로 날아온다. 이것은 세상의 절대 규칙이다.

내 주변에 이 긍정적인 태도와 진정성이 어떤 기적을 만들어내는지 가장 완벽하게 보여주는 동생이 하나 있다. 바로 전 국가대표 축구선수 구자철이다.

한번은 자철이와 비 오는 날 라운딩을 나갔는데, 시간당 5~7mm의 폭우가 쏟아졌다. 일반인 같으면 "아, 오늘 날씨 진짜 더럽네. 가는 날이 장날이라고 오늘따라 비가 오냐. 공도 안 맞고 짜증 나네"라며 골프채를 집어던졌을 것이다. 그런데 자철이는 흠뻑 젖은 채로 환하게 웃으며 내게 소리쳤다. "형! 원래 이렇게 날씨가 최악인 날에도 쳐봐야, 나중에 날씨 좋은 날 훨씬 더 잘 치지! 오늘 완전 훈련하기 딱 좋은 날이야!"

그 패기에 밀려 나도 비바람을 맞으며 미친 듯이 채를 휘둘렀지만, 솔직히 앞도 제대로 안 보이고 공을 맞히기조차 미칠 듯이 어려웠다. 그렇게 한참을 물에 빠진 생쥐 꼴로 치고 있는데, 자철이가 또다시 해맑은 얼굴로 다가왔다. "형! 이제 비 좀 괜찮아진 것 같지 않아? 아까는 5mm였는데 지금은 한 2mm밖에 안 오나 봐! 확실히 아까보다 치기 훨씬 쉬워졌지, 그치?"

그의 말에 "진짜 비가 좀 줄었나?" 싶어 나는 몰래 핸드폰을 꺼내 일기예보 앱을 켰다. 웬걸, 화면 속 강수량은 여전히 변함없이 '시간당 5mm'를 굳건하게 찍고 있었다. 비는 잦아들지 않았던 것이다.

그때 나는 망치로 머리를 한 대 맞은 것 같았다. 이런 폭우 속에서도, 최악의 상황을 긍정으로 비틀어버리는 저 압도적인 태도. 조건이 아무리 시궁창이어도 불평 한마디 없이 웃어넘기고, 그 안에서 어떻게든 성장의 명분을 찾아내는 저 미친 긍정 에너지가 지금의 구자철을 만든 진짜 코어였던 것이다.

심지어 자철이의 진짜 무서운 점은 그 긍정적인 태도를 넘어선 압도적인 이타심에 있다. 어느 날, 내가 정말 중요한 비

즈니스 라운딩을 바로 다음 날 앞두고 발바닥에 족저근막염
이 심하게 와서 아예 걷지도 못하는 최악의 위기가 터졌다.
병원에 누워 끙끙대고 있는데, 밤 11시에 병실 문이 벌컥 열
리더니 자철이가 뛰어들어왔다.

그날은 자철이가 해외 일정을 마치고 한국으로 귀국한 바
로 당일이었다. 비행기에서 내려 시차 적응도 안 되고 본인
몸도 천근만근 부서질 듯 피곤했을 텐데, 아는 형이 아프다
는 소식 하나에 캐리어를 던져두고 한밤중에 병원으로 달려
온 것이다.

그는 침대에 누운 내 발을 붙잡고 새벽 2시까지 무려 3시
간 동안 땀을 뻘뻘 흘리며 마사지를 하고, 고여있는 피를 빼
주며 직접 치료를 해줬다. 대한민국 축구의 레전드가, 내일
스케줄이 꽉 차 있음에도 불구하고 아는 형을 돕겠다고 한밤
중에 달려와 그 고생을 한 것이다. 나는 덕분에 다음 날 절뚝
거리면서도 무사히 골프를 쳤고, 그 중요한 비즈니스 자리를
마무리할 수 있었다. 그리고 이것이 바로 돈이 아무리 많아
도 살 수 없는 상위 0.1%의 '진짜 관계'다.

당신이 타고난 지능이나 돈 많은 부모를 둔 천재 토끼가
아니라면, 방법은 하나뿐이다. 일이 안 풀리고 힘들수록 남

을 돕고, 운을 묵묵히 주워 담아라. 당신의 그 우직하고 선한 태도가 수많은 사람의 마음을 움직일 때, 세상은 거북이인 당신의 등에 날개를 달아주거나 당신을 결승선으로 데려다 줄 거대한 자동차를 보내줄 것이다.

AI가 기획서를
3초 만에 쓰는 시대,
끝까지 살아남을 '대체 불가함'

최근 몇 년 사이 비즈니스 생태계를 가장 크게 뒤흔든 화두는 단연 인공지능(AI)이다. ChatGPT가 잘 짜여진 사업 기획서와 마케팅 카피를 몇 초 만에 뽑아내고, 미드저니 같은 이미지 생성 AI가 예전이면 일주일을 밤새워 그려야 이미지들을 단시간에 수십 장씩 토해낸다. 심지어 글이나 이미지를 넘어서 코드도 짜주고, 영상도 뚝딱 만들어낸다.

이 압도적이고 폭력적인 기술의 진보 앞에서 수많은 직장인과 기획자, 디자이너들이 공포에 질려 묻는다. "대표님, 이제 우리 일자리는 다 AI한테 먹히는 거 아닙니까? 당장 코딩이나 프롬프트 엔지니어링 같은 것을 배워야 살아남을 수 있을까요?"

이 질문에 대한 내 대답은 차갑고도 명확하다. 만약 당신이 가진 무기가 그저 마우스를 클릭해 도면에 선을 긋고, 남들이 시키는 대로 문서를 타이핑하고, 정해진 매뉴얼대로 디자인을 찍어내는 수준의 기계적인 작업에 불과하다면, 당신은 단언컨대 100% AI에게 잡아먹힌다. '속도'와 '효율성', 그리고 '데이터의 방대함'이라는 측면에서 인간은 이제 절대 AI를 이길 수 없다.

하지만 착각하지 마라. 도구가 아무리 발달하고 효율성이 극대화되어도, 수천만 원에서 수억 원이 오가는 진짜 비즈니스의 판에서는 절대 AI가 대체할 수 없는 대체 불가함이 존재한다.

내가 생각하는 그 첫 번째가 바로 정서적 교감과 불안의 해소다. 고객이 우리 아울디자인에 평당 수백만 원이 넘는 인테리어를 맡길 때, 그들은 단순히 '예쁜 3D 도면'이나 '빨리 나오는 기획서'를 돈 주고 사는 것이 아니다. 집이라는 공간은 한 개인의 사실상 전 재산이 들어가는 곳이다. 공사를 앞둔 고객의 본질적인 감정 상태는 기대감 이전에 '극도의 불안감'이다. 피 같은 내 돈 수억 원이 사기당하지는 않을지, 공사 중에 누수 같은 사고가 터지거나 마감이 어설프게 끝나지는 않을지 끊임없이 의심하고 두려워한다.

이때 컴퓨터 모니터 속의 완벽한 AI가 "통계적으로 이 공사에서 문제가 발생할 확률은 0.1% 미만입니다"라고 텍스트를 띄워준다고 해서 고객의 불안이 해소될까? 만약 현장에서 갑자기 파이프가 터져 물이 새면, AI가 화면 밖으로 달려와 무릎을 꿇고 사과하며 밤을 새워 배관을 고쳐줄 수 있는가? 절대 불가능하다.

고객의 불안을 완벽하게 잠재우는 유일한 열쇠는, 눈앞에 앉은 사람이 고객의 눈을 똑바로 쳐다보며 내뱉는 이 묵직한 문장이다. "고객님, 걱정하지 마십시오. 공사 중에 무슨 일이 터져도, 제가 제 이름 석 자를 걸고 끝까지 책임지고 완벽하게 마감해 드리겠습니다."

AI는 기가 막힌 도면을 만드는 걸 도울 수는 있어도, 현장에서 터진 사고에 대해 법적, 도의적, 금전적 책임을 지지는 않는다. 인간의 욕망을 건드리고, 불안을 잠재우며, 최종적으로 수억 원의 지갑을 열게 만드는 것은 오직 책임질 각오가 되어 있는 '인간 대 인간'의 끈끈한 교감뿐이다.

그리고 두 번째는 바로 '안목과 디렉팅 능력'이다. AI는 세상에서 가장 일을 잘하고 속도가 빠른 '천재 인턴'이다. 인턴은 스스로 방향을 설정하지 못한다. 결국 이 천재적인 기계에게 "어떤 타깃을 위해, 어떤 톤앤매너로, 어떤 결과물을 뽑아내라"고 명확하게 지시를 내리는 총괄 디렉터가 반드시 필요하다.

애플의 스티브 잡스를 보라. 그가 아이폰의 복잡한 운영체제 코드를 전부 직접 짰는가? 그가 공장에서 부품을 납땜했는가? 일론 머스크가 스페이스X의 거대한 우주선 로켓을 자기 손으로 직접 처음부터 끝까지 용접하고 조립하는가? 절대 아니다.

그들은 코딩이나 용접 같은 실무 스킬에 목숨을 걸지 않았다. 대신 세상에서 가장 똑똑한 천재 엔지니어(지금의 AI)들을 수백, 수천 명 모아놓고, 자신이 가진 압도적인 비전과 깐깐한 안목을 무기 삼아 정확한 방향을 지시했다. 스티브 잡스는 "당연하게 쓰던 스마트폰 전면의 복잡한 물리 키보드를 없애고 오직 직관적으로 화면만 남겨라. 둥근 모서리의 곡률을 살려라"라고 디렉팅했다. 그 집요하고 미친 디렉팅이 결국 세상을 바꿨다.

앞으로의 AI 시대도 정확히 이와 같다. 무한대로 쏟아지는 AI의 결과물들 속에서 "우리 브랜드의 철학과 고객의 깐깐한 취향에는 이게 완벽하게 맞다"라고 골라낼 수 있는 뾰족한 안목, 그리고 파편화된 기술들을 꿰어 맞추어 하나의 거대한 스토리로 엮어내는 지휘자만이 시장의 부를 독식하게 될 것이다.

그렇다면 이 압도적인 안목은 대체 어디서 나오는 것일까? 책상머리에 앉아 텍스트로 프롬프트를 입력한다고 뚝딱 생기지 않는다. 나 스스로가 세계 최고 수준의 하이엔드 문화를 직접 피부로 겪고, 나 자신에게 투자하여 내 '아비투스'를 한계치까지 끌어올려야만 얻을 수 있다. 나는 이것을 위해 직원들과 함께 비벌리힐스의 주택을 직접 눈으로 보고, 세계적으로 비싸고 좋은 호텔의 동선은 왜 이렇게 짜여 있는지 집요하게 연구하며, 사람들이 왜 특정 클래식한 가죽 질감에 열광하는지 온몸으로 체험한다.

그래서 나는 지금 당장 큰돈이 안 되더라도 미국 LA 비벌리힐스, 텍사스, 멕시코 몬테레이 등지에서 기꺼이 해외 프로젝트를 진행하고 있다. 높은 층고와 압도적인 스케일, 그

나라 최상위 계층의 문화를 내 피부로 직접 부딪혀 배우고, 그 위대한 문화를 한국으로 가져와 유튜브를 통해 우리나라의 주거 문화를 통째로 바꿔버리기 위함이다.

세상의 문화를 꿰뚫는 진짜 디렉터는 국가별 생태계의 '다름'을 완벽하게 통제할 줄 안다. 똑같은 인테리어 사업이라도 한국과 중국은 룰이 아예 다르다. 한국에서는 비싸게는 1억짜리 고단가 계약을 위해 젠틀하고 전문적인 상담을 제공한다면, 우리 회사의 중국 연길 지사는 철저히 현지화된 '도떼기시장' 전략을 쓴다. 틱톡커 출신 직원이 지사장을 맡아, 2천만 원짜리 공사를 하루에 열몇 개씩 따낸다. 중고차나 보험 영업처럼 치열하게 다가가 "내가 무조건 싸게 해줄게!"라며 계약을 따내고, 도장을 찍으면 거대한 과자 선물 세트를 안겨주며 매장 앞에서 폭죽을 터뜨리고 기념사진을 찍어주는 '퍼포먼스'로 현지인들의 마음을 사로잡는다.

인력을 소싱하는 안목도 마찬가지다. 한국에서 제대로 된 IT 앱을 개발하기 위해 CTO(최고기술책임자)를 뽑으려면 기본 1억에서 많게는 2억 5천만 원도 깨진다. 하지만 눈을 돌려 IT 최강국인 인도의 인력을 소싱한다면, 연봉 3천만 원만 쥐여줘도 그들은 엄청난 충성심으로 완벽한 결과물을 쏟아낸다. AI는 방구석에서 코드나 짤 줄 알지, 이렇게 세계의 문화를 꿰뚫고 각 나라의 특성에 맞춰 타격감을 극대화하는 '글로벌 디렉팅'은 절대 해낼 수 없다.

또한 AI는 과거의 방대한 데이터를 바탕으로 도면을 뱉어 낸다. 과거의 건설사들이 더 싸게 짓기 위해 획일적으로 만들어놓은 뻔한 상식들 말이다. 그 죽은 데이터에 따르면 세탁기는 당연히 좁은 베란다 밖에 덩그러니 놓여야 하고, 집에서 가장 큰 공간은 무조건 안방이어야 하며, TV는 거실 소파 맞은편에 있어야 한다.

하지만 인간의 실제 삶을 들여다보는 진짜 디렉터의 시선은 완전히 다르다. 우리는 익숙한 구조에 끊임없이 의문을 던져야 한다. 코로나 시대를 거치며 집은 단순히 잠만 자는 곳이 아니라 영화관(OTT), 홈트레이닝장, 홈카페가 겹겹이 결합된 고도의 '레이어드(Layered) 공간'으로 진화했다. 그렇다면 동선이 최악인 베란다 세탁기를 치우고, 옷을 갈아입는 드레스룸(옷장) 바로 옆에 런드리룸을 따로 만들어야 완벽하다. 가족이 잠만 자는 안방의 크기는 과감히 줄이고 다 함께 생활하는 공용부를 훨씬 더 크게 빼야 한다. 요리하며 레시피를 보거나 지루함을 달래기 위해, TV 역시 사람들이 가

장 오래 머무는 주방 공간에 세팅된다면, 삶의 질이 수직 상
승한다.

　이렇듯 사람들의 삶의 방식과 사고가 변함에 따라 기계적
으로 세팅된 공간의 구조 자체를 근본적으로 뒤엎는 혁신.
이것은 차가운 기계는 절대 흉내 낼 수 없는 고도의 인간적
통찰이다. 공간은 언제든지 목적에 맞게 대체 가능해야 하
며, 단 한 평의 자투리 공간도 낭비해서는 안 된다. 왜냐고?
평당 2억 원짜리 최고급 주택에서 죽은 공간 1평을 낭비하
는 것은, 곧 고객의 피 같은 돈 2억 원을 허공에 날려버리는
것과 완벽하게 같기 때문이다. 인간의 삶을 꿰뚫는 기능에
대한 무거운 책임감을 바탕으로 미관적 아름다움까지 결합
시킬 때, 비로소 20억짜리 집이 그 이상의 압도적인 가치를
지닌 작품으로 팔려 나가는 것이다.

　마지막으로, AI가 절대 흉내 낼 수 없는 것은 바로 '비합리
적인 미련함'이다. 기계는 철저하게 데이터와 확률, 즉 '합리
성과 ROI(투자 대비 수익률)'를 기반으로 움직인다. 만약 내가
AI에게 앞서 말한 '러브하우스 프로젝트'의 기획안을 결재
올렸다면 어땠을까? "수익 창출 모델 없음. 예상 총지출 비
용 5억 원 이상. 회수 불가능. 당장 폐기하십시오." 아마 1초

만에 이런 차가운 분석 결과를 내놓으며 프로젝트를 휴지통에 처박았을 것이다.

하지만 나는 인간이기에 그 미련하고 비합리적인 결정을 기꺼이 내렸다. 당장의 돈을 허공에 태우는 그 바보 같은 짓이, 7남매 가족의 눈물을 닦아주었고, 100개의 업체를 한자리에 모았으며, 끝내 거대한 협회를 탄생시키는 기적의 씨앗이 되었다. 기계의 차가운 계산기로는 절대 두드려낼 수 없는, 오직 뜨거운 피가 흐르는 인간의 진정성과 무모함만이 만들어낼 수 있는 비즈니스의 낭만이자 위대한 서사다.

시대가 아무리 최첨단으로 달려가도 비즈니스의 끝단, 그 돈이 움직이는 마지막 길목에는 항상 사람이 서 있다. 기계적인 스킬의 장벽이 커져가는 시대일수록, 역설적으로 가장 인간적인 것들의 가치도 천정부지로 치솟는다. 남의 아픔에 기꺼이 공감하는 태도, 무수한 선택지 속에서 최고를 골라내는 잡스 같은 안목, 그리고 계산기를 부수고 미련하게 베풀 줄 아는 기버의 마음.

당신의 직업이 무엇이든 상관없다. 제발 얄팍한 스킬 하나 더 배우겠다고 AI와 속도로 경쟁하려 들지 마라. 그 대신 AI가 절대 흉내 낼 수 없는 당신 안의 깊고 묵직한 '인간적인 면모'를 미친 듯이 단련하라. 그것이 기계들이 지배하는 미래에서, 당신의 이름 석 자에 가장 비싼 프리미엄을 붙여줄 유일하고도 완벽한 생존 전략이다.

당장 내일 전 재산을 잃는다면?
상위 레벨의 판에
'무자본'으로 들어가는 법

최근 동네를 산책하다가 문득 등줄기에 소름이 돋는 경험을 했다. 과거 13평 단칸방에 살던 시절, 매매가 3억, 5억 하는 집이나 도로 위를 달리는 포르쉐를 보면 "와, 나는 평생 저런 거 한 번 가져볼 수 있을까?"라며 꿈만 같다고 생각했다. 그런데 어느 순간부터 그 비싼 집과 슈퍼카들이 내 삶에서 너무나 당연하고 익숙한 것이 되어버린 사실을 깨달은 것이다.

자산이 쌓이고 돈의 단위가 커지면서 나는 뼈저리게 느꼈다. 내 손에 쥐어진 이 화려한 현실과 통장에 찍힌 숫자들이 얼마나 허망하고 무서운 것인지를 말이다. 1억을 순식간에 벌 수 있다는 것은, 반대로 내일 당장 10억을 순식간에 날려 버릴 수도 있다는 뜻이다. 특히 주식이나 숫자로만 존재하는 자산의 허상은 하루아침에 모래성처럼 무너질 수 있다.

나는 나 스스로가 이 달콤한 익숙함과 오만함에 빠져 초심을 잃어버리는 것이 세상에서 제일 두렵다. 내게 초심이란 단순히 옛날의 가난을 기억하는 것이 아니다. 내가 하는 업의 본질을 잃지 않고, 남들이 하기 싫어하는 어려운 일에 끊임없이 도전하며 혁신을 거듭하는 미친 집요함이다. 이 본질만 잃지 않으면 내 자산과 현실은 무조건 우상향한다는 것을 알기에, 나는 주기적으로 나 자신을 향해 가장 가혹하고 지독한 시뮬레이션을 돌리며 스스로의 멱살을 잡고 초심으로 끌고 온다.

"만약 내가 당장 내일 쫄딱 망해서, 이 수백억 대의 자산과 회사, 인맥을 모조리 다 잃고 다시 0원이 되어 길거리에 나앉는다면? 나는 다시 일어설 수 있을까?"

강연이나 컨설팅을 마무리할 때쯤, 항상 누군가 손을 들고 날카로운 질문을 하나 던진다. "대표님, 지금까지 하신 말씀 다 좋습니다. 그런데 만약 대표님이 당장 내일 쫄딱 망해서 수백억 대의 자산과 회사, 인맥을 모조리 다 잃고 길거리에 나앉는다면, 그래도 지금처럼 다시 일어설 자신이 있으십니까?”

내 대답은 1초의 망설임도 없이 “당연합니다.”이다. 물론 잃어버린 돈을 생각하면 며칠 밤낮을 억울해서 소주를 마시며 울 수는 있겠지만, 나는 1년 안에 반드시, 기필코 상위 0.1%의 판으로 다시 진입해 내 이름 석 자를 자본으로 바꾸어 놓을 자신이 있다.

앞에서도 단편적으로 이야기해 왔지만, 그 모든 것들을 마지막에 정리하듯 한데 모아 돌아보자. 내가 가진 돈이 ‘0원’이 되었을 때, 무자본으로 가장 꼭대기의 생태계에 침투하는 나만의 완벽한 시나리오는 다음과 같다.

첫 번째, 가장 먼저 내 알량한 ‘자존심’부터 쓰레기통에 처박을 것이다. 사람들이 가장 멍청하게 구는 짓이 “내가 왕년에 연매출 얼마를 하던 사람인데~, 왕년에 어디 기업에서 어떤 직함을 달고 있었는데~, 어떻게 남 밑에 들어가서 시다바리를 해?”라며 과거의 망령에 사로잡혀 있는 것이다. 돈이 없으면 자존심도 없는 거다. 나는 내 과거의 타이틀과 영광을 모조리 지워버리고, 철저하게 가장 밑바닥의 '을(乙)'이 될 준비부터 할 것이다.

두 번째, 남들이 다 하는 '만만한 장사'는 쳐다보지도 않고 무조건 '파이'가 큰 1등 시장으로 직행한다. 어떤 이유로든 기존의 일을 못하게 되고 백수가 되었다고 치자. 이때 사람들이 가장 쉽게 빠지는 함정이 만만한 동네 커피숍이나 음식 장사를 기웃거리는 것이다. 나는 그런 곳에는 눈길조차 주지 않는다. 대신 철저하게 돈의 단위가 크게 도는 전문성 있는 산업을 타깃으로 삼는다. 예를 들어 부동산 중개를 한다고 치자. 인천에서 2억짜리 전셋집을 중개하면 법정 수수료 0.9%를 떼어 180만 원이 남는다. 하지만 청담동에서 60억짜리 건물을 중개하면 똑같은 0.9%라도 수수료가 5,400만 원이다. 똑같은 땀을 흘리고 시간을 쓰는데 파이의 크기가 아예 다르다. 그리고 그 거대한 시장 안에서도 전자공시시스템(DART)을 뒤져, 영업이익률이 최상위권인 명실상부한 '1등 플레이어'를 정확하게 타깃팅해 찾아갈 것이다.

세 번째, 가장 낮은 자리로 기어 들어가 그 1등 회사의 '핵심 시스템'을 스펀지처럼 흡수한다. 타깃이 정해졌다면 현장의 궂은일이든, 남들이 기피하는 빡센 부서의 막내 자리든

물불을 가리지 않고 어떻게든 그 회사 안에 발을 들인다. 돈을 벌기 위해 취업하는 것이 아니다. 내 목적은 그 회사가 왜 1등인지, 그 '성공의 메커니즘'을 내 눈으로 직접 보고 통째로 훔쳐 오는 것이다. 나는 월급을 받으며 상위 0.1%의 경영 노하우를 과외받는 셈이다.

네 번째, 기버의 본능으로 의사결정권자들의 '가장 아픈 결핍'을 무상으로 해결해 준다. 조직 내에서 시스템을 파악했다면, 이제 윗사람들이 어떤 문제로 골머리를 앓고 있는지 스캔한다. 예를 들어 내가 부동산 판에 들어갔다면, 단순히 매물만 보여주지 않을 것이다. 건물주가 건물이 안 팔려 고생할 때, 내 시간과 노동력을 갈아 넣어 외관 이미지, 동선, 집의 가치를 10% 올릴 수 있는 '인테리어 전략과 팁'을 무료로 컨설팅해 줄 것이다. 또한, 요즘 같은 정보화 시대에 대표들이 가장 귀찮아하는 벤처기업 인증, 연구소 설립, 특허, 정책 지원금 같은 복잡한 절차들을 미친 듯이 파고들어 대신 세팅해 줄 것이다. 당장 내게 수수료가 안 떨어져 큰 이익을 못 보더라도, 이런 옵션들을 던져주며 부자들의 골칫거리를 해결해 주는 순간 나는 단순한 직원이 아니라 눈에 띄는 직원으로 위치가 수직 상승하게 된다.

마지막 다섯 번째, 그들의 네트워크 안에서 나 자신을 가장 비싼 담보물로 띄운다. 의사결정권자들의 완벽한 신뢰를 얻어냈다면, 나는 자연스럽게 그들이 만나는 수백억 대 자산가들, 하이엔드 고객들, 그리고 업계 VVIP들의 네트워크 안으로 딸려 들어가게 될 것이다. 그러면 그 모임 안에서 누군가 중대한 프로젝트의 책임자가 필요하다고 할 때, 나는 당당하게 손을 들 것이다. "회장님, 그 일은 제가 제 이름을 걸고 완벽하게 해결해 드리겠습니다." 나에게는 이미 우리 기업 대표가 보증하는 '압도적인 태도'가 있기 때문에, 그들은 기꺼이 기회를 던져줄 것이다.

그리고 내게는 이 모든 과감한 베팅을 두려움 없이 실행하게 만드는 '최후의 무기'가 하나 있다. 설령 이 모든 전략이 다 실패해서 진짜 길거리에 나앉고 쌀독이 빈다 해도, 나는 절대 굶어 죽지 않는다. 내게는 어떻게든 다시금 살아날 수 있다는 확실한 본질이 뼛속 깊이 새겨져 있기 때문이다.

자본주의 사회에서 진짜 자본은 통장에 찍힌 숫자가 아니다. 내 알량한 자존심을 꺾고 바닥부터 길 수 있는 '용기', 파이가 큰 시장을 찾아내어 기꺼이 무료 옵션을 던져주는 '영리함', 그리고 밑바닥에서도 살아남을 수 있다는 '본질과 깡'.

이 세 가지만 있다면 당신은 언제 어디서든, 주머니에 단돈 만 원 한 장 없이도 이 세상에서 살아남을 수 있을 것이다.

스펙이 없다고, 물려받은 돈이 없다고 더 이상 징징대지 마라. 당신의 묵직한 태도가 곧 당신의 자본이고, 당신의 이름 석 자가 당신의 인생을 역전시킬 세상에서 가장 비싼 담보물이다.

오타니가 남이 버린 쓰레기를 줍는 진짜 이유

이 책의 마지막 장을 덮기 전, 당신에게 묻고 싶다. 당신은 왜 성공하고 싶은가? 왜 거대한 자본을 쥐고 상위 0.1%의 판에서 놀고 싶은가?

나는 메이저리그를 제패한 세계 최고의 야구선수, 오타니 쇼헤이의 이야기로 이 길었던 여정의 마침표를 찍고자 한다. 오타니는 경기장에 떨어진 남의 쓰레기를 묵묵히 줍는 것으로 아주 유명하다. 사람들은 그런 그를 보며 "실력도 압도적인데 인성까지 완벽한 성인군자"라며 찬사를 보낸다.

하지만 비즈니스의 최전선에서 구르고 있는 내 시선으로 볼 때, 오타니가 쓰레기를 줍는 진짜 이유는 단순히 그가 '착해서'가 아니다. 그는 남이 버린 쓰레기를 줍는 행위를 "남이 무심코 버린 '운(Luck)'을 내가 줍는 것"이라고 표현했다. 즉, 남을 위해서, 혹은 남에게 잘 보이기 위해서 경기장을 청소하는 게 아니라, 철저하게 '나 자신'의 미래와 평판, 그리고 거대한 운을 내 삶으로 끌어당기기 위해 기꺼이 그 궂은일을 자처하는 것이다.

요즘 2030 세대들을 만나보면 다들 팍팍한 현실 속에서 "어떻게든 손해 보지 않겠다"며 잔뜩 날이 서 있다. 회사에서 헌신하면 호구가 된다고 믿고, 내가 받은 월급 딱 그만큼만 일하겠다며 계산기를 두드린다. 하지만 단단히 착각하지 마라. 당신이 회사에서 미친 듯이 일하고 남들이 피하는 궂은일을 도맡아 하는 것은, 회사를 배불려 주기 위한 봉사가 아니다. 오히려 철저하게 당신 자신의 미래와 실력을 벼려내기 위한 이기적인 투자에 가깝지.

내가 이 책 내내 입이 닳도록 강조했던 '기버'의 삶도 정확히 이와 같다. 인생은 손해 본다고 생각하면 진짜 평생 손해만 보는 하수로 살게 되고, 내가 치열하게 던진 만큼 돌아온다고 믿으면 기어이 상위 0.1%로 성장하게 된다. 내 이익을 깎아 고객에게 돌려주는 8% 영업이익의 룰, 돈을 허공에 태워버린 러브하우스 프로젝트. 이 모든 '미친 짓'들은 결국 남이 아니라 '나 자신'을 가장 높은 곳으로 끌어올리기 위한 완벽한 투자였다.

이 책은 내가 지난 책을 쓴 이후 조금씩 모아온 기록들을 하나로 모은 뭉치에 가깝다. 그리고 이것들을 모을 결심을 하게 해준, 꾸준히 열심히 달려가고 있는 지금의 출판사 대표님을 만났을 때 출판사의 대표님은 이런 질문을 했다. "대표님, 지금 330억을 굴리는 대표님이 과거 처음 100억 매출을 찍고 방황하던 시절의 '박치은'을 찾아간다면, 지름길을 알려주시겠습니까?" 내 대답은 '아니오'다. 나는 과거의 나에게 그 이상으로 가는 로드맵이나 화려한 기술은 절대 알려주지 않을 것이다. 어차피 그 시절의 그릇으로는 그 로드맵을 쥐여줘도 절대 소화해 내지 못한다. 수많은 실패와 좌절, 바닥을 구르는 치열한 과정과 경험이 없으면 절대 다음 스테이지로 넘어갈 수 없다는 것을 나는 너무나 잘 안다.

대신 나는 과거의 나에게 딱 한 마디만 남길 것이다. "지금 네가 하고 있는 그 업에 자부심을 가져라. 그리고 무슨 일이 있어도, 절대 본질을 잃지 마라."

사업을 하든, 직장 생활을 하든 결국 인생은 철저하게 '마음먹기'에 달려 있다. 그리고 그 마음은 당신이 입 밖으로 뱉어내는 '말'을 통해 무서운 현실이 된다. "나는 반드시 할 수 있다", "무슨 문제든 해결할 방법은 무조건 있다"고 선언하는 사람의 주변에는 그 묵직한 말을 기어이 현실로 만들어줄 거대한 운과 조력자들이 모여든다.

나는 비즈니스를 하면서 스스로에게 가장 가혹하게 들이대는 잣대가 하나 있다. 바로 '떳떳함'이다. 겉을 예쁘게 포장해서 남의 눈을 속이는 것은 너무나 쉽다. 하지만 세상에서 가장 속이기 힘든 단 한 사람은 바로 '내 자신'이다. 내가 나를 보았을 때 부끄럽지 않아야 한다. 고객의 피 같은 돈을 허투루 쓰지 않고, 내가 내뱉은 약속은 목숨을 걸고 지켜내는 것.

손바닥으로는 절대 하늘을 가릴 수 없다. 스스로가 생각해도 떳떳하고 자랑스럽게 살면, 그 떳떳함은 수백억을 굴리는 어떤 거물 앞에서도 절대 주눅 들지 않는 '압도적인 자신감'으로 뿜어져 나온다. 뒤가 구린 테이커들은 절대 내뿜을 수 없는, 진짜 상위 0.1%들만이 풍기는 거대한 아비투스가 바로 이 떳떳함에서 시작되는 것이다.

이제 이 책을 덮고 진짜 현장으로 나갈 시간이다. 기꺼이 세상에 나가 당신의 몫을 먼저 내어주고, 남들이 무심코 버린 쓰레기, 운들을 묵묵히 주워 담아라.

그리곤 끝까지 명심하라. 당신이 세상에 던진 진정성과 태도는 결코 허공으로 사라지지 않는다. 그것은 가장 거대하고 완벽한 보상이 되어, '당신의 이름 석 자'라는 세상에서 가장 비싸고 파괴력 있는 담보물로 반드시 돌아올 것이다.

당신의 그 위대하고 미련한 마라톤을 진심으로 응원한다.

박치은 드림

하이엔드 아비투스 :
그들은 정보가 아니라 아비투스를 교환한다.

ⓒ 박치은
초판 1쇄 인쇄 2026년 5월 9일

지은이	박치은
기획	조영훈
편집	조영훈
디자인	권글짜(hey.guljja.archive)
마케팅	정호윤, 김민지, 송유경, 김은주, 최서환
펴낸곳	모티브
이메일	motive@billionairecorp.com

ISBN 979-11-24370-34-6 (03320)